Scoprire i Giochi Gratuiti Online

Disponibile Qui:

**BestActivityBooks.com/FREEGAMES**

# 5 CONSIGLI PER INIZIARE

## 1) COME RISOLVERE LE PAROLE INTRECCIATTE

I puzzle hanno un formato classico:

- Le parole sono nascoste senza spazi o trattini,...
- Orientamento: Le parole possono essere scritte in avanti, indietro, verso l'alto, verso il basso o in diagonale (possono essere invertite).
- Le parole possono sovrapporsi o intersecarsi.

## 2) APPRENDIMENTO ATTIVO

Accanto ad ogni parola c'è uno spazio per scrivere la traduzione. Per incoraggiare l'apprendimento attivo, un **DIZIONARIO** alla fine di questa edizione vi permetterà di controllare e ampliare le vostre conoscenze. Cerca e scrivi le traduzioni, trovale nel puzzle e aggiungile al tuo vocabolario!

## 3) SEGNARE LE PAROLE

Puoi inventare il tuo sistema di segni. Forse ne usi già uno? Per esempio, puoi segnare le parole difficili da trovare con una croce, le parole preferite con una stella, le parole nuove con un triangolo, le parole rare con un diamante, e così via.

## 4) STRUTTURARE L'APPRENDIMENTO

Questa edizione offre un **TACCUINO** alla fine del libro. In vacanza, in viaggio o a casa, puoi organizzare facilmente le tue nuove conoscenze senza bisogno di un secondo quaderno!

## 5) AVETE FINITO TUTTE LE GRIGLIE?

Nelle ultime pagine di questo libro, nella sezione della **SFIDA FINALE**, troverete un gioco gratuito!

**Facile e veloce!** Dai un'occhiata alla nostra collezione di libri di attività per il tuo prossimo momento di divertimento e **apprendimento,** a portata di clic!

Trova la tua prossima sfida su:

BestActivityBooks.com/MioProssimoLibro

# Ai vostri posti, pronti...Via!

Sapevi che ci sono circa 7.000 lingue diverse nel mondo? Le parole sono preziose.

Amiamo le lingue e abbiamo lavorato duramente per creare libri di altissima qualità. I nostri ingredienti?

Una selezione di argomenti adatti all'apprendimento, tre buone porzioni di intrattenimento, una cucchiaiata di parole difficili e una spolverata di parole rare. Li serviamo con amore e entusiasmo in modo che tu possa risolvere i migliori giochi di parole e divertirti imparando!

-------

La vostra opinione è essenziale. Puoi partecipare attivamente al successo di questo libro lasciandoci un commento. Ci piacerebbe sapere cosa ti è piaciuto di più di questa edizione.

Ecco un link veloce alla pagina dell'ordine:

## BestBooksActivity.com/Recensione50

Grazie per il vostro aiuto e buon divertimento!

*Tutta la squadra*

# 1 - Scacchi

```
P F T W R N A M A I N T W Y W X
V E R H E O L A U A I R E H G G
P N N P S P R G D K J M N F Q W
S H N C I D D Y S G U G W Y N R
W T D T A A I X O P D R B L E T
A E R E S M A O P Y L V D K X H
R A W A V B P P W Y N T I A U W
T U E W T K R W X X U D D F Y Y
E E A V C E R E R F J B H Q P N
L L R T M Ê G S N G S Z J N U E
L D A D Z Y Z A H H T R E B A B
B A W B X U L S E Y I M M S I Y
J T H Q V Q I Q N T A N T U P D
C S C Z P J J H V G H S E I C D
B Y P F P D R B R E N I N S K S
T G G O D D E F O L O V K L I Z
```

GWRTHWYNEBYDD
GWYN
PENCAMPWR
GYSTADLEUAETH
LLETRAWS
CHWARAEWR
GÊM
DU
GODDEFOL
I DDYSGU

PWYNTIAU
BRENIN
BRENHINES
RHEOLAU
ABERTH
HERIAU
STRATEGAETH
AMSER
TWRNAMAINT

# 2 - Salute e Benessere #2

```
Y A B M L M A M A E W A H C Y R
W S I E U A R A Z F N D C O U A
S N B P Z E C C B Q D D O R J N
T A F Y H T H C A I Y E N F F A
Z R C L T H W C O N F G I F H T
G T E K D Y A B U N E R T E E O
K E G U N K E N Y Y L E J P T M
F Q D A L U T D I B C L X M F E
O B M W V I H R F T H A I N T G
T Y L I N O A B D I D N E L Y H
F I T A M I N D S H E K U O X Q
A Z S V I G P W Y S A U Q K O D
G E N E T E G Z L K W B U J E N
C A L O R I L E U Z G Y F F I D
O U W A T D S Z B F B M J X C F
Y N V O Y N D I R G Q R B Z A P
```

| | |
|---|---|
| ALERGEDD | HYLENDID |
| ANATOMEG | HAINT |
| ARCHWAETH | CLEFYD |
| CALORI | TYLINO |
| CORFF | MAETH |
| DEIET | YSBYTY |
| TREULIAD | PWYSAU |
| DIFFYG | GWAED |
| YNNI | IACH |
| GENETEG | FITAMIN |

# 3 - Aggettivi #2

```
E  T  Y  B  Z  S  N  R  V  G  V  M  S  N  B  Y
D  I  D  D  O  R  O  L  E  N  W  O  G  E  K  W
H  A  L  L  T  E  R  I  O  K  W  F  P  W  T  C
C  Q  M  G  L  O  I  H  C  R  Y  H  N  Y  C  R
Q  P  D  C  H  S  H  C  Y  S  E  K  F  D  C  Y
L  L  W  G  L  Y  D  L  C  Q  C  F  N  D  A  F
O  C  D  N  I  L  N  A  Q  Y  H  J  R  W  I  O
I  R  D  V  E  I  D  F  Y  A  F  C  U  A  N  G
R  E  U  O  U  D  I  A  C  H  C  R  P  U  E  A
U  A  H  R  N  W  I  J  K  W  U  C  I  Z  M  B
T  D  L  B  M  A  Y  E  H  W  O  Y  Z  F  H  B
A  I  X  Z  I  J  I  B  M  J  Y  M  F  X  O  J
N  G  B  C  J  M  X  C  P  B  U  K  T  D  W  L
C  O  J  H  M  K  P  K  Y  E  J  Z  P  D  T  G
K  L  D  I  S  G  R  I  F  I  A  D  O  L  G  H
Z  Y  M  D  R  A  M  A  T  I  G  M  E  L  Y  S
```

LLWGLYD
SYCH
DILYS
CREADIGOL
DISGRIFIADOL
MELYS
DRAMATIG
CAIN
ENWOG
CRYF

DIDDOROL
NATURIOL
ARFEROL
NEWYDD
FALCH
CYNHYRCHIOL
PUR
CYFRIFOL
HALLT
IACH

# 4 - Pesca

```
C D A C V X A L D C M J T P P L
X N U E O G K G I G U Y A W S S
T J U P D G W P S N W A G Y S O
N D Z Y W B I I R N K F E S F F
C E F N F O R N F P D O L A P F
M R D L O H Q Y I R D N L U R E
J Z J U N D X H N O E I A Q F R
E Y L G R T C C V M N N U S P Z
T L L Y N M X A O Y Y L Y D Y K
G R Ŵ D I X Q B C T M P L D B P
Z O A C W C H M E V A Ê N U D W
A G D E G S A B R E S G Y L L H
A L Y U T V Y W Z T Z M A A B L
R U W V D H X X P A L G L L X W
I S B E S U Q J S H C R S Y U Q
Y D A I N O B S E L A D F D P W
```

DŴR
OFFER
CWCH
TAGELLAU
BASGED
COGINIO
ESBONIAD
ABWYD
GWIFREN
AFON

BACHYN
LLYN
ÊN
CEFNFOR
AMYNEDD
PWYSAU
ESGYLL
TRAETH
TYMOR

# 5 - Ingegneria

```
C Y F R I F I A D M H C E D M E
F N U A J E Y K J O Y Y C F I H
W S A H W Q Z E W D L L H Y D X
T N N D P B S K N U I C E E S E
C R Y F D E R U P R F H L G N O
S E I G P S M E S U R D E C T G
T D S Q Q T H Z A P Z R S Y M Q
R N N B S X R I B D B O E N L U
W F E F S O M W J G E X I N Z Q
Y Y M C D I A M E D R I D I G W
T D I P E I R I A N T U L G Z G
H U D M N V P U Q A U I R A R E
U V X V Y D I A G R A M F E D Q
R Q S R N D O S B A R T H U B U
R H E Q N I G B O B J A M H E C
J Z F L I Z J N B P V V C C Z X
```

| | |
|---|---|
| ONGL | CRYFDER |
| ECHEL | HYLIF |
| CYFRIFIAD | PEIRIANT |
| ADEILADU | MESUR |
| DIAGRAM | MODUR |
| DIAMEDR | CYNNIG |
| DIESEL | DYFNDER |
| DIMENSIYNAU | CYLCHDRO |
| DOSBARTHU | STRWYTHUR |
| YNNI | |

# 6 - Archeologia

```
P  M  U  J  M  O  S  U  H  T  R  E  W  G  H  D
Z  S  B  D  T  K  U  V  T  Î  P  V  F  W  Y  A
D  I  R  G  E  L  W  C  H  M  V  X  I  R  N  D
D  Q  I  G  S  Y  B  S  Y  H  N  A  G  T  A  A
Y  F  A  B  W  W  M  E  S  G  Y  R  N  H  F  N
N  F  R  R  N  A  A  C  Y  Q  C  J  T  R  I  S
N  O  C  F  B  L  R  H  H  D  Y  X  Y  Y  A  O
Y  S  V  R  B  Q  W  E  Y  W  P  Q  X  C  E  D
G  I  H  Q  G  U  G  E  I  N  I  I  Y  H  T  D
S  L  A  Q  P  B  I  F  N  D  A  L  K  A  H  I
I  M  P  Z  Z  K  N  R  O  D  D  F  Y  U  G  A
D  E  A  B  Y  U  B  U  E  K  I  O  D  K  D
W  D  H  G  R  L  B  Y  L  B  Y  T  A  L  D  S
B  B  D  Z  B  O  R  H  T  A  F  K  T  D  M  A
C  Y  F  N  O  D  A  A  N  G  H  O  F  I  O  D
Q  Z  L  E  X  V  W  N  G  D  F  F  S  B  C  B
```

| | |
|---|---|
| DADANSODDIAD | GWRTHRYCHAU |
| HYNAFIAETH | ESGYRN |
| HYNAFOL | ATHRO |
| GWAREIDDIAD | CRAIR |
| ANGHOFIO | YMCHWILYDD |
| DISGYNNYDD | ANHYSBYS |
| CYFNOD | TÎM |
| ARBENIGWR | DEML |
| FFOSIL | BEDD |
| DIRGELWCH | GWERTHUSO |

# 7 - Salute e Benessere #1

```
W R K O G D H T E A I N I R T S
N D Y D Y W T E Z C R O E N H C
D F E X D C E Y J A O U U G E Y
T S N Z D D A I C S R M C X R H
S B I X E J G S T P K P H F A Y
V G W N M M Y Z I H A S D Z P R
E S G Y R N D I L A R L E R I A
P D O W Y D D K C W G E R F E U
A R F E R Z E Q V L V U D G T B
N S Z N G W M T R E I G T O H A
G E A T G Y R C H S S N S E L C
R X R F F E R Y L L F A I I U T
O R M F H O R M O N A U K G M E
V L V U A T W Y L L I T R Q J R
V W D L A U M G U Y T O G O H I
O S G O I C A L M Y P K C I X A
```

| | |
|---|---|
| ARFER | CYHYRAU |
| UCHDER | NERFAU |
| GWEITHREDOL | HORMONAU |
| BACTERIA | ESGYRN |
| CLINIG | CROEN |
| NEWYN | OSGO |
| FFERYLLFA | ATGYRCH |
| TWYLL | YMLACIO |
| MEDDYGAETH | THERAPI |
| MEDDYG | TRINIAETH |

# 8 - Aggettivi #1

```
E W N X X A U F Y A G I S Y W P
N O U L V N Y V F R W Q E S O A
F T E N A U H Z O O E S Q D M T
A D L H C V L K I M I G E S B G
W T S E N O O O T A T W G D V V
R R Z D A Z I K T T H E S D N N
T W D L F H S C D I R R O K P T
M M L C I P I R W G E T T H D Y
C O E M G H E F I J D H I W P R
A U D B M U G R G K O F G F I A
K M Y E X M L W F W L A K H O R
W J B U R Z E A C F Q W O R L A
E W L Y Q N H M G U A R I Y Z F
J A T O H M C G I T S I T R A Z
O O M T P J U H G Q M H T O N R
A B S O L I W T U N I O N H P Z
```

UCHELGEISIOL
AROMATIG
ARTISTIG
ABSOLIWT
GWEITHREDOL
ENFAWR
EGSOTIG
HAEL
IFANC
MAWR

UNION
PWYSIG
ARAF
HIR
MODERN
ONEST
PERFFAITH
TRWM
GWERTHFAWR
TENAU

# 9 - Geologia

```
D  K  L  R  Q  A  J  M  D  X  Q  O  S  O  U  D
L  A  N  A  Q  W  S  W  A  H  V  K  Q  A  D  J
L  U  E  T  F  U  P  I  F  F  O  S  I  L  W  P
O  F  A  A  N  A  O  S  D  C  Y  J  S  E  A  Q
S  E  H  T  R  A  P  L  W  Y  V  J  T  R  I  Y
G  D  G  F  Q  G  H  A  Y  F  G  T  A  W  O  D
F  G  B  Y  R  E  R  C  E  A  E  B  L  C  G  Z
Y  O  U  D  N  R  B  Y  E  N  Y  I  A  C  O  G
N  E  L  A  H  R  B  G  N  D  S  T  C  R  F  W
Y  Y  F  R  I  A  T  V  V  I  E  N  T  I  X  A
D  G  K  G  S  C  S  R  J  R  R  S  I  S  F  S
D  J  A  E  X  C  C  W  A  R  T  S  T  I  X  T
S  T  A  L  A  G  M  I  D  A  U  Y  E  A  L  A
N  R  S  D  H  R  F  U  Q  X  J  H  X  L  B  D
M  W  Y  N  A  U  L  O  R  B  E  O  A  A  Z  D
K  B  F  K  B  W  U  E  L  P  B  D  P  U  A  C
```

| | |
|---|---|
| ASID | MWYNAU |
| GWASTAD | CARREG |
| CALSIWM | CWARTS |
| OGOF | HALEN |
| CYFANDIR | STALAGMIDAU |
| CWREL | STALACTITE |
| CRISIALAU | HAEN |
| FFOSIL | DAEARGRYN |
| GEYSER | LLOSGFYNYDD |
| LAFA | PARTH |

# 10 - Campeggio

```
L L E U A D D Y N Y M H U I C N
L H R N A E S Z D G N L Q U W K
E W C L U N G G U S A O U T M A
B Y H A R Â I H A M M O C K P N
A L V R N T W F D F X I F Z A T
P U Z B V Ŵ D F E V I F H N W U
Y K B D Y H E A I I U R E R D R
W O Z J F C O H W S L I L E E U
Q T M C K K C R V Z P I A U O G
C Q N A R C A B A N P L A K C L
J Q I P P R F W J V O P S I A L
Z H N G C G U O A C M R H H D Y
J E O R F K R N K W H Y C S Z N
J T M N L Z K R F L O F Y C D N
O G T Y S F Z X U A C E W O W M
H B I N M I N A T U R D E W X M
```

| | |
|---|---|
| COED | HWYL |
| HAMMOCK | COEDWIG |
| ANIFEILIAID | TÂN |
| ANTUR | PRYFED |
| CWMPAWD | LLYN |
| CABAN | LLEUAD |
| HELA | MAP |
| CANŴ | MYNYDD |
| HET | NATUR |
| RHAFF | PABELL |

# 11 - Tempo

```
A C P W U I U V S V A O Q C C U
E Z T E N F I P Q I X L H Y A M
C Y N B F R H C I C K H B Y L Y
D A H K K S S M D W A G E D E U
B L N C L O C I L Y B O R E N B
T B Y R E N B S O J F J W Q D P
Y U D K I D Y D D U N O A J R H
T S D U Q F O U D A L X D P D C
Z V Y F X X Q N Y Z K F X O T C
U A W P T X T U N M X P D N L P
V G L Z Q W M M Y C Y N B Z Ô Y
S L B Y V X I I L F Q E N B R N
D Y G J V F V D B E N N H C A F
Q N H A N N E R D Y D D D K X U
W Y T H N O S X X E D D O E T A
D X K Q G H R K G A H Y L T Z N
```

BLWYDDYN
BLYNYDDOL
CALENDR
DEGAWD
AR ÔL
DYFODOL
DYDD
DDOE
BORE
MIS

HANNER DYDD
MUNUD
NOS
HEDDIW
AWR
CLOC
YN FUAN
CYN
CANRIF
WYTHNOS

# 12 - Astronomia

```
G A L A E T H G D C R H D Z E V
L Z P R Y B U H N G U C I Y Q E
B L L P U G S Z V R S Y S M U E
A A E L H R E S T Y C Y G B I Z
D F W U Y Y R O E T E M Y E N E
O L L Y A U Y Q Q F Y J R L O Q
Z C Z L R D D E N A L B C Y X T
P B O I Y R D E C O R P H D L D
C O S M O S W H N U F U I R X T
D O J H U C R R X N I N A E J W
N W H D J C J A L U B E N D B C
B Q G O A S T E R O I D T D V B
L Q G A H P H A U W C H N O F A
U I W A D R W D O F O G O K E F
M S O Q R G D D W A S Y D Y B P
T E L E S G O P W O E P U K K F
```

ASTEROID
GOFODWR
SERYDDWR
AWYR
COSMOS
CYTSER
EQUINOX
GALAETH
DISGYRCHIANT
LLEUAD

METEOR
NEBULA
ARSYLLFA
BLANED
YMBELYDREDD
ROCED
UWCHNOFA
TELESGOP
DDAEAR
BYDYSAWD

# 13 - Algebra

```
S Z V Y F G W Y C H S R F B O F
R Y M A T R I C S A S G F R F Z
S K M T Y N N U U F I H R O F K
Z D W L E Y M Q I A S R A B M L
R X S B E D W V B L E D C L S D
G R A F F I G N N I H C S E E K
Q A R Z I W D S B A T J I M R Y
H P T G O E D D W D N H W J O I
Z J V K X N H G I L E F N X N G
F D I A G R A M X O R V F Z S W
F F K H K G Z Q M N A J U U G K
V W A V B R Q P M I P F V Q G S
L B I C E M I K U L A Q Q V I L
X S J H T N I A M L I S E R Q D
W Q N B A O A N F E I D R O L W
A Y X E B C R F F O R M I W L A
```

DIAGRAM
HAFALIAD
FFUG
FFACTOR
FFORMIWLA
FFRACSIWN
GRAFF
ANFEIDROL
LLINOL
MATRICS

RHIF
PARENTHESIS
BROBLEM
MAINT
SYMLEIDDIO
ATEB
SWM
TYNNU
NEWIDYN
SERO

# 14 - Mitologia

```
M  B  R  V  F  Z  T  S  V  B  Q  Q  P  N  S  I
B  E  N  I  H  C  Y  R  T  C  R  E  A  D  U  R
V  D  D  D  O  S  C  E  L  F  Y  T  V  L  A  L
P  X  U  D  D  B  E  D  L  O  W  R  A  F  N  A
A  P  W  U  W  U  N  F  E  A  H  O  X  A  A  I
F  R  Q  I  V  L  F  Y  M  N  U  A  I  W  U  D
Q  H  W  H  N  I  I  R  S  G  D  H  R  E  K  D
L  J  S  R  I  G  G  C  I  H  O  O  L  F  Y  L
W  B  I  W  P  D  E  B  E  E  L  Q  K  H  U  N
V  B  X  E  D  U  N  H  T  N  I  R  Y  B  A  L
Y  M  D  D  Y  G  I  A  D  F  R  H  X  P  I  C
C  R  E  D  O  A  U  O  D  I  P  C  H  I  K  H
D  U  F  D  I  L  C  E  O  L  J  M  R  G  E  W
L  H  D  P  I  R  H  Y  F  E  L  W  R  E  A  E
M  A  R  W  O  L  D  U  I  V  I  A  H  W  U  D
V  S  D  I  W  Y  L  L  I  A  N  T  Y  U  F  L
```

| | |
|---|---|
| YMDDYGIAD | CENFIGEN |
| CREADUR | RHYFELWR |
| CREU | ANFARWOLDEB |
| CREDOAU | LABYRINTH |
| DIWYLLIANT | CHWEDL |
| TRYCHINEB | HUDOL |
| DUWIAU | MARWOL |
| ARWR | ANGHENFIL |
| CRYFDER | MEDDWL |
| MELLT | DIAL |

# 15 - Piante

```
A W C L D F D H I L G O S W M L
M E A Y A L A T E P L Q O V T L
R L R X I O D I P S V W P P Y Y
Z I O O L R Q A D R E U Y D F S
J J H Z N A W T D U X S V N U I
Q E Q D D I A R W G T U V N B E
Q F C H D P P W M E L T Q L Z U
Q O V K L N E G J Q L C Q S S E
M B K F Y H N J D V E A C Z G G
B Q K F B E I D D E W C R U H I
Y E B A T L N Y R X S O T V Z W
O T A K B Z O V A H A E E P U D
X R M R L J L D G L L D X N H E
W F B S M O S O Y H G P E J P O
Y R Ŵ V B E P V G N F P T O Q C
L L Y S T Y F I A N T J E O A T
```

| | |
|---|---|
| COED | GWRTAITH |
| AERON | BLODYN |
| BAMBŴ | FLORA |
| LLYSIEUEG | DAIL |
| CACTUS | COEDWIG |
| LLWYN | GARDD |
| TYFU | MWSOGL |
| EIDDEW | PETAL |
| GLASWELLT | GWRAIDD |
| FFA | LLYSTYFIANT |

# 16 - Spezie

```
C  L  I  D  W  E  B  I  Z  N  M  C  R  T  E  X
L  A  X  L  J  Z  H  N  F  N  L  U  N  I  O  N
S  K  R  A  A  C  A  W  V  U  B  D  B  P  V  I
D  I  X  D  S  R  L  P  G  Y  B  W  R  G  I  M
F  R  N  C  A  K  E  K  C  N  A  U  P  J  M  W
A  P  J  A  X  M  N  S  A  F  F  R  W  M  K  C
N  A  A  W  M  V  O  W  M  R  U  P  U  P  G  B
I  P  I  M  C  O  I  M  G  E  M  T  Y  N  A  C
L  U  C  R  I  S  N  I  S  D  L  I  H  J  X  H
A  A  Q  F  T  H  I  G  T  N  G  Y  E  E  L  I
E  N  I  T  V  W  Q  Z  M  A  I  L  S  L  L  V
G  I  R  E  M  R  Y  T  L  I  N  P  D  I  E  C
N  S  Y  S  S  A  V  C  W  R  E  W  H  C  G  W
O  E  C  I  R  O  C  I  L  O  F  C  E  V  P  N
P  A  K  K  Z  N  W  S  C  C  F  W  O  O  V  P
B  Z  Q  E  A  W  P  C  O  X  X  I  O  G  C  C
```

| | |
|---|---|
| GARLLEG | MELYS |
| CHWERW | FFENIGL |
| ANISE | LICORICE |
| SINAMON | NYTMEG |
| CARDAMOM | PAPRIKA |
| UNION | PUPUR |
| CORIANDER | HALEN |
| CWMIN | FANILA |
| TYRMERIG | SAFFRWM |
| CYRI | SINSIR |

# 17 - Cioccolato

```
J  O  M  A  R  O  G  L  D  D  A  C  C  Z  G  G
N  S  V  E  B  S  T  V  D  G  N  A  Y  I  A  C
H  O  F  F  L  G  A  V  H  C  S  R  N  B  L  H
S  I  T  Z  C  Y  U  G  K  A  A  A  H  I  O  W
E  W  E  D  L  D  S  O  K  C  W  M  W  R  R  E
P  G  X  N  D  N  R  U  E  A  D  E  Y  Y  Ï  R
M  J  S  D  T  A  D  R  S  O  D  L  S  S  A  W
G  H  I  O  O  C  O  C  U  A  N  C  I  Á  U  X
L  R  Y  W  T  F  F  E  R  C  L  T  O  I  Q  F
P  O  W  D  R  I  F  T  Y  C  L  B  N  T  U  C
B  L  A  S  G  X  G  P  R  K  M  O  I  L  T  N
N  Z  O  G  W  R  T  H  O  C  S  I  D  I  O  L
K  H  X  B  I  I  R  G  N  G  A  N  I  O  I  D
M  L  I  J  S  P  U  O  H  W  R  X  N  K  Q  Z
T  Q  A  E  P  D  S  N  D  I  U  K  X  L  O  B
K  M  X  Z  P  M  P  A  W  T  V  Q  L  D  O  I
```

| | |
|---|---|
| CHWERW | EGSOTIG |
| GWRTHOCSIDIOL | BLAS |
| AROGL | CYNHWYSION |
| CREFFTWYR | CNAU COCO |
| CACAO | POWDR |
| GALORÏAU | HOFF |
| CANDY | ANSAWDD |
| CARAMEL | RYSÁIT |
| BLASUS | SIWGR |
| MELYS | |

# 18 - Immigrazione

```
S E F Y L L F A X Z H G C C T F
F J F G N R M S J H T I Y Y E V
E W T T J S S G S T R T F M R P
T T J B O E D O L I O N A E D Y
C C T U E A W D V A M C T R Y N
S Y I A I T H D W R Y B H A D J
D A P I A N A Y E F C S R D D B
O E R N N A R W J Y U N E W I G
G X Y I A L D S T C Y K B Y A W
F B K F W P J I P J W G U A D E
E T N F Y X Q K O S U L I E C I
N R L W U Q L X I G T K T T A N
N A T A I A O Y I W E R Y H U Y
A F T G H C Y L L I D L A G W D
U O T X M T D P L K X M U E W D
V D H P V H U U Y J P H P C N U
```

OEDOLION  
CYMORTH  
TAI  
GWEINYDDU  
CYMERADWYAETH  
PLANT  
CYFATHREBU  
DOGFENNAU  
CYLLID  
FFINIAU  

CYFRAITH  
IAITH  
DIOGELU  
DYDDIAD CAU  
SEFYLLFA  
ATEB  
STRAEN  
TRAFOD  
SWYDDOG

# 19 - Guida

```
P E Q I Z J G F C T T Y B Z C S
E E G X K I A X Q R L W M K U V
R T R B W S R E I A H N N T S L
S B N Y R S E O C F P R W N H F
W Q U X G Y J Q H F T H K A E A
R E D M Y L F Y C I M L W I C L
X X B X H C W L E G O I D D Y A
S T C I U L B C M H D T O U I C
U A I C E R B Y A E U D R L D F
H N I A W M A D P D R P R C S O
S W G T A C M T A D K K N O Z C
N Y V T F N V S N L D W M E F S
K D T P J N I Y I U G A H A N F
E D C A R R M B E I C M O D U R
U D G T C E R D D W Y R G B D I
T R W Y D D E D G F P G G W Z N
```

| | |
|---|---|
| CAR | MODUR |
| BWS | CERDDWYR |
| TANWYDD | PERYGL |
| BRECIAU | HEDDLU |
| GAREJ | DIOGELWCH |
| NWY | FFORDD |
| DAMWAIN | TRAFFIG |
| TRWYDDED | CLUDIANT |
| MAP | TWNNEL |
| BEIC MODUR | CYFLYMDER |

# 20 - I Media

```
M U A I N U L L K A U W H C A T
X B T R B I Z S Z L B N D U G T
E E N E H A E N R A A T N Y W A
W R H B L J S Y A R C M N S E D
P H S G P E F D G G A D L D D
B T H T S H D V I R L S E L D Y
Q A L H G D Z U O A B N A E A S
F F E I T H I A U F A A L O U G
C Y H O E D D U S F R C L L D U
A C V T K A P Z H I N H U L I U
U N I G O L R G R A V O S Z G J
C Y L L I D X L W D J L O O I Z
E J G G A H E Q E V C I L Y D I
D I W Y D I A N T I O Q C S O K
R H W Y D W A I T H N K K Y L X
R N I E H H Y S B Y S E B I O N
```

AGWEDDAU
MASNACHOL
CYFATHREBU
DIGIDOL
ARGRAFFIAD
ADDYSG
FFEITHIAU
CYLLID
LLUNIAU
UNIGOL

DIWYDIANT
DEALLUSOL
LLEOL
AR-LEIN
BARN
HYSBYSEBION
CYHOEDDUS
RADIO
RHWYDWAITH
TELEDU

# 21 - Forza e Gravità

```
E L N P W D E K D V R G W Q Z P
F G M L T N T N A I H T I R F F
F C E A U C T S R X L T W T Q C
A Y E N H U L S G J E I D D O Y
I F H E A B P L A X H B U Z J N
T F A D B C L O N A C R T H W N
H R N A V F E N F D E O E M T I
O E G U V F W M Y I V A Y S R G
L D U A R I E S D C R I M L M U
S I R S E S S D D E E U R K L A
A N E Y T E S H I D Y N A M I G
B O O W L G U M A N S A Z C D T
S L M P L F L L D G P N Y A W T
M A G N E T E G M O M E N T W M
K U K C P K E C Y F L Y M D E R
Q I H W J N X P N J W S Y Q W I
```

ECHEL
FFRITHIANT
CANOL
DYNAMIG
PELLTER
EHANGU
FFISEG
EFFAITH
MAGNETEG
MECANEG

CYNNIG
ORBIT
PLANEDAU
PWYSAU
EIDDO
DARGANFYDDIAD
MOMENTWM
AMSER
CYFFREDINOL
CYFLYMDER

# 22 - Sport

```
L L C Y H Y R A U B E L M Y L B
Q O O E Q D Y G N W C H E G C E
Z Q D N T O Q U E J M I T H F I
K J B L C N M W L C A S A I C C
W Z K I H I J I G M E R B W Z I
T N P U L L A G A H T L O I C O
H O E A R Q Z N H Y H V L E R C
J E K R T P V J R N B H I C Y B
M A B O L G A M P W R N G H F D
M R L G D V J T V J C Y L Y D E
S A X Y T A U P H M O G G D E I
D W Z D T U W H E E R C V S R E
R H G U H T N N F X F H M H E T
Q C L E R Z D J S C F G I R R T
V T Z N F Q G T L I I N O F I O
Y D C W Z R W D D R O F F Y H J
```

HYFFORDDWR          METABOLIG
MABOLGAMPWR         CYHYRAU
GALLU               I NOFIO
BEICIO              MAETH
CORFF               NOD
DAWNSIO             ESGYRN
DEIET               RHAGLEN
CRYFDER             DYGNWCH
LONCIAN             IECHYD
WNEUD Y GORAU       CHWARAEON

# 23 - Caffè

```
A E I Y T U A Y O E Y P C P T X
R S H O A V Q M N E B R W N A E
H N I E F F A C R H E I P S R H
G Z N D Z T O X E Y Y S A Y D Y
T B W K I Q M Y Q E W Z N C D V
G B M J Z G V J T E R I A H I N
I Q Q N N S F K F Y E C A S A O
Q D P X R A A F Z U W T N E D Q
J E C A R J M Y P V H P B T T B
S U Y H U F E N U R C I H T S H
B L A S O I B S I W G R T S O A
Q M D Ŵ R L O L D I H G Z E H R
H H A N G Y R K C C S D I U R O
X A W L D H E V W L L A E T H G
D I O D U I C J Z F G J M F B L
L D J M D K U D M Q E B D R J H
```

ASIDIG
DŴR
CHWERW
AROGL
RHOST
DIOD
CAFFEIN
HUFEN
HIDLO
BLAS

LLAETH
HYLIF
MALU
BORE
DU
TARDDIAD
PRIS
CWPAN
AMRYWIAETH
SIWGR

# 24 - Uccelli

```
F F I S R R Â I W Y C L P H U K
T F T H G Q M C G W O L E W X F
S Q L Y R D P Q X X L C L Y J N
Y G H A H M X Q Y W O U I A Z E
H J D A M V V H U C M Q C D Y P
A C N A L I Q N C I E N A E Q Y
R M X G U A N D V C N T N N O L
C N B X R E R G L O N G Ŵ Y D D
P E N G W I N C O N O T W C A N
G M A S X X U J H I D I A P B A
O O L B F A E W I A J Y Q F Q D
G L Y P O W D S Y O H Y E V H E
C O W A N D T S T O R A P A O R
Q C G U T M T R E R Y Ë R C A Y
X B B N I M F E V R Y R E R C N
Y S W Y T Y M G A C R S E H E O
```

CRËYR
HWYADEN
ERYR
CICONIA
ALARCH
COLOMEN
GOG
FFLAMINGO
GWYLAN
GŴYDD

PAROT
ADERYN
PAUN
PELICAN
COLOMENNOD
PENGWIN
CYW IÂR
ESTRYS
TWCAN
WY

# 25 - Giorni e Mesi

```
U E K Z L U S D D Y D E P J N D
W H B A U M N N Y D D Y W L B Y
I P G N M U P F S D N G N F O D
C F E R D Y H Y O D D X U Z Z D
W A X C F F N H X F H L K Q B M
U N L L I R B E L E H K L R K A
D N R E H C R E M D D Y D U M W
Y E M D N R W D A S D D Y D N R
D F C W E D W Y T H N O S A I T
D F S H V N R M E D I F L W F H
G R L G W U P W K F E Z V S E M
W O P D D E W H C A T X Y T H I
E G X Q W V F U E Z R W Y F E M
N Y C T N F R R Y F G A H R M E
E Q K T W M U M O I Z D S X O J
R J A U J M I S O R W A N O I V
```

AWST
BLWYDDYN
EBRILL
CALENDR
RHAGFYR
DYDD SUL
CHWEFROR
IONAWR
MEHEFIN
GORFFENNAF

DYDD LLUN
DYDD MAWRTH
DYDD MERCHER
MIS
TACHWEDD
HYDREF
DYDD SADWRN
MEDI
WYTHNOS
DYDD GWENER

# 26 - Casa

```
A H T H T O F X A Z H B K B L E
C F W U K H A H O C W S O A L P
D E N R R U N Z B E U D N A L L
S H G Y S J C L L E T Â N A W N
R O G I L L E F A T S Y D D R A
O R X D N O T R W G R Y Q L V V
F M K R F F Z D A S U X I F V Z
L P I Y M D D R A G R U G F V X
R A X C B O W W P N S E Z E V C
J U M H N W F S D D N S K N X S
X X P P J A N N E H H A P E F O
T G C E Z C E E H R Z T Q S U F
C A C V T Q N F O D S A P T N V
C T I K L L Y F R G E L L R U L
I I X A Y Q B F T A S Y W Z N U
H G R H L E G L U Y H L C Y C N
```

| | |
|---|---|
| ATIG | WAL |
| LLYFRGELL | LLAWR |
| YSTAFELL | DRWS |
| LLE TÂN | FFENS |
| CEGIN | FAUCET |
| CAWOD | BANADL |
| FFENESTR | NENFWD |
| GAREJ | DRYCH |
| GARDD | RUG |
| LAMP | TO |

# 27 - Fantascienza

```
Z  P  Y  F  F  R  W  Y  D  R  A  D  R  C  Y  T
H  T  A  K  Z  T  O  O  V  K  I  R  T  Â  N  E
O  V  Z  D  B  S  H  B  C  Q  P  U  K  P  G  C
C  X  L  M  C  N  H  V  D  F  O  C  O  T  V  H
D  B  Z  A  A  X  P  G  D  P  T  C  T  D  H  N
F  Y  V  U  U  G  R  M  K  L  U  A  U  L  D  O
H  D  S  D  A  I  R  O  B  O  T  I  A  I  D  L
I  T  M  E  A  T  W  P  N  F  D  P  R  S  I  E
A  M  E  N  I  S  X  E  G  A  Y  O  F  H  A  G
T  H  L  A  Y  I  M  R  W  H  C  T  Y  F  L  D
O  G  C  L  L  L  G  H  Y  T  H  S  L  V  O  T
M  I  A  B  E  A  Z  I  C  I  M  Y  L  S  D  T
I  Y  R  O  G  E  G  T  H  E  Y  D  V  B  O  Z
G  H  O  I  R  R  D  H  M  V  G  P  I  B  F  U
N  D  O  D  I  N  E  E  G  I  O  L  W  A  Y  A
M  K  R  H  D  R  B  D  X  Y  L  B  J  L  D  N
```

| | |
|---|---|
| ATOMIG | DYCHMYGOL |
| SINEMA | LLYFRAU |
| DYSTOPIA | DIRGEL |
| FFRWYDRAD | BYD |
| EITHAFOL | ORACLE |
| GWYCH | BLANED |
| TÂN | REALISTIG |
| DYFODOLAIDD | ROBOTIAID |
| GALAETH | TECHNOLEG |
| RHITH | UTOPIA |

# 28 - Città

```
L O G S Y S W O T H E A T R L D
L A M E N I S O R R O Q C Q H Z
Y S G A F D D E U G M A J J U B
F W I S E R Y O X W J J S I O P
R C N O T S M C P B G U S S S U
G E I F P A A R L Y T D C D I L
E B L Z H F D W J I B A N C O S
L H C C I L L I Y A K N L U P U
L T Y Q M L X O W R H H F F L O
T I Y U S Y U C D M T C U X Y E
A J X V B R I A H A U R B B F Z
Q V Y J N E K D R B U A K R R G
B B B X J F N W R N M F S R A U
Q Q O Z D F V Z L H U N V P U K
G W E S T Y D A M D S N X A G Y
Y D P R I F Y S G O L O R I E L
```

MAES AWYR        FARCHNAD
BANC                AMGUEDDFA
LLYFRGELL        SIOP
SINEMA           BECWS
CLINIG            YSGOL
FFERYLLFA        STADIWM
SIOP FLODAU     THEATR
ORIEL             PRIFYSGOL
GWESTY          SW
SIOP LYFRAU

# 29 - Fattoria #1

```
C  J  N  A  W  V  S  K  F  W  G  C  R  L  P  C
A  N  M  D  R  V  H  G  K  E  P  D  I  D  Q  O
Z  W  H  I  W  F  L  G  U  P  D  S  Q  I  C  I
T  Z  T  T  Z  F  C  V  G  V  F  I  T  F  A  J
B  G  I  T  S  E  Y  N  W  E  J  E  Z  I  S  R
C  N  A  J  T  N  W  M  Z  M  K  B  K  O  I  M
S  D  T  F  B  S  I  O  R  E  I  S  O  Y  Z  V
M  T  R  I  R  E  Â  C  O  L  L  X  M  V  P  P
G  U  W  G  I  A  R  H  A  L  Q  X  D  O  M  Y
W  S  G  T  T  M  N  Y  N  E  W  G  Ŵ  O  P  M
G  H  C  W  U  B  Y  N  W  D  W  K  R  R  P  D
H  A  P  V  T  X  S  I  S  A  Q  Y  I  T  H  Q
X  D  T  K  L  D  A  O  O  I  X  D  A  N  G  Q
D  A  Q  O  E  B  M  C  I  D  L  G  W  P  S  R
R  U  N  V  F  T  U  Ê  O  D  T  Z  G  K  J  S
I  N  P  T  C  A  T  H  L  Y  F  F  E  C  U  K
```

| | |
|---|---|
| DŴR | DDIADELL |
| GWENYN | MOCHYN |
| ASYN | MÊL |
| MAES | BUWCH |
| CI | CYW IÂR |
| GAFR | FFENS |
| CEFFYL | REIS |
| GWRTAITH | HADAU |
| GWAIR | TIR |
| CATH | LLO |

# 30 - Psicologia

```
T P E R S O N O L I A E T H E U
A E B R E U D D W Y D I O N M B
S R I P L E N T Y N D O D L O E
E A T M I O O M J I P N I K S G
S F I E L R U E A R Q E O W I O
I E L L D A I D D Y F N A C Y A
A S A B Z D D D Y S X Q D V N N
D J E O W H N Y E C D X U I A Y
L B R R F T X L Q I V U E W U M
P O O B B R H I P A R E H T S W
L K G M Y W U A D A I F O R P Y
D W J I R G K U A D A I N Y S B
D Y L A N W A D A U F I Q F C O
B W R Y O I Y M D D Y G I A D D
N D E H R H L Z Q A B W N H P O
P H A V Z C M C A L O A O S L L
```

| | |
|---|---|
| CLINIGOL | MEDDYLIAU |
| YMDDYGIAD | CANFYDDIAD |
| GWRTHDARO | PERSONOLIAETH |
| EGO | BROBLEM |
| EMOSIYNAU | REALITI |
| PROFIADAU | TEIMLAD |
| SYNIADAU | BREUDDWYDION |
| ANYMWYBODOL | THERAPI |
| PLENTYNDOD | ASESIAD |
| DYLANWADAU | |

# 31 - Paesaggi

```
T  L  M  X  I  Â  Q  T  L  S  Z  H  M  O  A  C
U  L  Ô  T  F  I  L  W  E  H  R  P  R  B  F  E
N  O  R  N  Z  D  N  C  H  T  I  M  I  O  O  F
D  S  Q  H  S  D  R  P  D  T  X  I  A  T  N  N
R  G  X  B  R  Y  N  R  H  A  E  A  D  R  L  F
A  F  Z  E  C  N  N  G  Q  J  S  A  Y  H  L  O
O  Y  V  R  U  Y  Y  Y  G  A  E  P  R  U  Y  R
T  N  X  D  Q  M  R  P  C  V  Z  T  O  T  N  U
S  Y  S  L  G  K  F  D  P  W  E  R  D  D  O  N
O  D  T  Z  X  U  F  Q  P  E  G  E  Y  S  E  R
D  D  L  O  M  U  Y  A  C  A  N  I  M  W  S  M
I  S  V  W  X  D  D  Y  N  Y  M  R  P  P  Q  X
F  R  F  R  B  O  U  J  Q  Q  U  W  H  U  C  R
O  Q  C  S  J  H  S  A  K  S  N  S  H  Y  R  T
G  O  R  S  K  G  K  E  H  C  W  L  A  I  N  A
O  Z  C  I  I  H  K  U  K  D  D  B  L  D  J  O
```

| | |
|---|---|
| RHAEADR | MÔR |
| BRYN | MYNYDD |
| ANIALWCH | WERDDON |
| AFON | CEFNFOR |
| GEYSER | GORS |
| RHEWLIF | PENRHYN |
| OGOF | TRAETH |
| MYNYDD IÂ | TUNDRA |
| YNYS | DYFFRYN |
| LLYN | LLOSGFYNYDD |

# 32 - Energia

```
D W L E N T N Y W G A L E H L K
S I N N I R T Y I D M Z L Y L P
A U X T W Y E G N I G I E D Y D
E X H R C D A G D W Y Q C R G B
D G O O L A K V V Y L P T O R O
Z I D P E N R I V D C A R G E Y
B G E I A L B N Y I H K O E D C
T A L S R U D O M A E A N N D P
Y K T M E D A A H N D G H X G D
R K I R B L R V P T D E F J J B
B P M I I C A R B O N R W P Q B
I G A S O L I N E T A N W Y D D
N A D N E W Y D D A D W Y C Y Z
J A U V V R L O C Y P I C E O S
A A I B J K W Z U O V D Y A F L
F F O T O N C G P Y E Y N M Q D
```

AMGYLCHEDD            FFOTON
BATRI                 HYDROGEN
GASOLINE              DIWYDIANT
GWRES                 LLYGREDD
CARBON                MODUR
TANWYDD               NIWCLEAR
DIESEL                ADNEWYDDADWY
TRYDAN                TYRBIN
ELECTRON              AGER
ENTROPI               GWYNT

# 33 - Moda

```
C L B D J L L U D D R A I U G B
Y W R R L O I D D I E R W G Z V
F Q T R O R M Z X R S J Q P O V
F L F T R D C O Y D Y S X A H F
O C H T E E W J D D R U D H U L
R R P E F M X A N E Y P P T Y O
D K Q U R Y I P I U R O A C Q D
D L U Q A C L F A T D N T G O Z
U E B I M F N X C P H N R W Y T
S D S T Y Y D V T W K V W E W B
M F P U A D A I R U S E M A M F
W P K O B E C A L R Q G E D N Q
P O I B F U Z H Y L S Y M L V Y
L L E I A F R E Q U A M Y T O B
T S B L M U I S Y H G D F I X J
E S R R Q H C Y P L L X D T B I
```

DILLAD
BOUTIQUE
DRUD
CYFFORDDUS
CAIN
LLEIAF
MESURIADAU
PATRWM
MODERN
CYMEDROL

GWREIDDIOL
LACE
YMARFEROL
BOTYMAU
BRODWAITH
SYML
ARDDULL
TUEDD
GWEAD

# 34 - L'Azienda

```
X Q P C D G I E Z J F C P R D B
P A L C Y F L O G A U Y E I I U
V H O K S H Z E G M A F N S W D
T C G D D W A S N A D L D G Y D
X R I B B I I O L I E W E I D S
B Y D E A N G F P A N Y R A I O
P N A Y D E C O O R U N F U A D
K N E B W F H Y T I P I Y K N D
X Y R C N E N T N E W A N H T I
L C C P E R R F N N V D I Z B A
A D N O D D A U H S Y P A V S D
T D V K R H U A D A I D D E U T
P O S I B I L R W Y D D D W D T
P R O F F E S I Y N O L K K S C
A R L O E S O L Z Z A M C D W S
A F C Y F L O G A E T H L K G P
```

CREADIGOL
PENDERFYNIAD
BYD-EANG
DIWYDIANT
ARLOESOL
BUDDSODDIAD
CYFLOGAETH
POSIBILRWYDD
CYFLWYNIAD
CYNNYRCH

PROFFESIYNOL
CYNNYDD
ANSAWDD
REFENIW
ENW DA
RISGIAU
ADNODDAU
CYFLOGAU
TUEDDIADAU
UNEDAU

# 35 - Giardino

```
U O W B C H W Y N Z E E C B H C
F Q D L S X Y A Î M Q V D T G G
U K K O X D T B L G H P A Q O N
K N O D I O M A O I U Y W Z L O
C U R Y H R L N P W D A A N Y G
O Y S N P M F N M E W R H A C A
M B N U J I K O A N B K G L S Q
M K E T N W A L R M L L R H A W
A J F L E M T B T A V L Y X R I
H U F L D D Y W N I W E W D E S
L C R E C F D U G N Q B V Y T J
P E O W P C O E D C T I S N N Q
K T D S Q W G A R E J P R I D D
C Q C A M F L Q U H R J I R M O
Y S T L H R V L G A R D D O X V
H L C G F N Q G A L V F V P Q V
```

COED
HAMMOCK
LLWYN
GLASWELLT
CHWYN
BLODYN
GAREJ
GARDD
RHAW
MAINC

CYNTEDD
LAWNT
RHACA
FFENS
PWLL
PRIDD
TERAS
TRAMPOLÎN
PIBELL
WINWYDD

# 36 - Riscaldamento Globale

```
D Y H N A D L H R C I C S U G R
T Y W N A B V T H E M K Z L W S
N Z F L E W E E Y N A J T D Y S
A P D O F A R A N E Y N N I D U
I M X U D C S I G D A T A D D E
D T G G F O I R W L R N K D O I
Y Y I Y J L L W L A G S B Y N D
W M T L L F P F A E Y L Q C Y E
I H C B T C C D D T F I R W D G
D E R T E Y H D O H W L Y S D T
X R A A S P Z E L A N C I Q Y D
P E W D I Z H D D U G X F Y J G
T D N I C E B R D D W A S N I H
J D V U A H T E A G O L B O P A
L L Y W O D R A E T H L W U Q J
C Y N E F I N O E D D V W E O X
```

AMGYLCHEDDOL
ARCTIG
SYLW
HINSAWDD
ARGYFWNG
DATA
YNNI
DYFODOL
NWY
CENEDLAETHAU

LLYWODRAETH
CYNEFINOEDD
DIWYDIANT
RHYNGWLADOL
DEDDFWRIAETH
NAWR
POBLOGAETHAU
GWYDDONYDD
DATBLYGU
TYMHEREDD

# 37 - Frutta

```
L A I A P A P L N W C I O W V U
S F U F E C I T E P K I Q M C N
K E U A A D E M R M M V W H Q E
E V E L C Q U B O E O Q B I G C
B W R V H L P A F G A N Q I E T
Y K V S K H J N M E L O N B L A
Y I V N T E B A O G N A M R L R
X E I R I N A N D F U M O I Y I
C E I R I O S A A M A E J C G N
E G C H J R N K C B E M A Y B E
K X Z I U E H U O F F I G L P P
N I W N W A R G F O B I K L H A
N C V C F R W M A B Z J O D A M
S J S L A J J E V R E X Y A D J
B L A C K B E R R Y N V O G Y Q
U P C X D T T P F A L T R K Q L
```

| | |
|---|---|
| BRICYLL | MANGO |
| OREN | AFAL |
| AFOCADO | MELON |
| AERON | BLACKBERRY |
| BANANA | NECTARINE |
| CEIRIOS | PAPAIA |
| FFIG | GELLYG |
| CIWI | PEACH |
| MAFON | EIRIN |
| LEMON | GRAWNWIN |

# 38 - Fattoria #2

```
C Q N O L Q C U Q J G H J Y F H
O R F T I L N O D N W W F M Q A
X X N Z A Ô A M R B E Y O A M A
G Q W G G D L E O N N A Z N H Q
H A S B U O L S T W I D B I H Y
S K Z S B R R K A H T E B F H V
G Q W K E G E H E Y H N W E T M
L W N A K A B F D E K E Y I S A
F L Y M T C F F D H R O D L S D
F O D D U A H R F Y D G N I M Y
E H X D D P I W E T Z I I A A S
R I S I C A X Y D N I C V I M G
M I B A W M U T G G L P X D D U
W C O H Q A O H D E F A I D J B
R P K J J L T R A C T O R L L O
T E J Z H G R I O O Z E D X T R
```

| | |
|---|---|
| CIG OEN | LAMA |
| FFERMWR | LLAETH |
| HWYADEN | CORN |
| ANIFEILIAID | AEDDFED |
| BWYD | GWYDDAU |
| YSGUBOR | HAIDD |
| FFRWYTH | BUGAIL |
| BERLLAN | DEFAID |
| GWENITH | DÔL |
| DYFRHAU | TRACTOR |

# 39 - Verdure

```
K  J  E  R  Y  D  M  Z  U  U  T  O  M  A  T  O
W  G  X  F  X  V  Z  P  K  N  O  R  O  M  A  Q
K  O  A  S  P  S  Y  E  Q  I  X  K  U  S  Y  E
L  I  K  R  I  S  N  I  S  O  S  A  L  A  D  G
N  S  I  S  L  C  K  W  J  N  E  P  M  W  P  F
H  I  A  E  S  L  D  R  F  L  F  L  W  D  O  I
C  T  N  L  R  B  E  V  T  F  P  T  N  C  N  S
R  R  H  E  E  N  I  G  B  E  Z  V  R  F  Y  P
A  A  Y  R  P  B  V  G  Q  B  R  O  C  O  L  I
D  L  D  I  W  I  F  D  O  T  A  T  W  S  R  A
A  Y  M  I  W  B  Z  X  K  G  X  E  L  R  A  M
M  F  A  H  S  W  O  M  L  M  L  U  T  M  Z  A
S  N  T  P  C  H  F  N  R  B  M  Y  C  W  I  C
O  L  E  W  Y  D  D  R  H  P  H  X  S  T  J  X
R  E  G  G  P  L  A  N  T  Y  W  I  T  E  E  I
H  P  U  Y  S  U  E  X  O  S  H  G  I  C  F  H
```

| | |
|---|---|
| GARLLEG | TATWS |
| BROCOLI | PYS |
| ARTISIOG | TOMATO |
| MORON | PERSLI |
| CIWCYMBR | MAIP |
| UNION | RADISH |
| MADARCH | SELERI |
| SALAD | SBIGOGLYS |
| EGGPLANT | SINSIR |
| OLEWYDD | PWMPEN |

# 40 - Musica

```
C O F N O D I U W X G Q C C Y N
L L E I S I O L M W B L A L A H
M A V A Q V O S C A R W N A C A
U O B E T O R F C L S X U S K R
F X K M E F P Z O A W Z U U R M
M V A H L B O F F E R Y N R G O
E V Q A Y L A Q U A O T E O U N
I H B R N O N L P A C A Z L B I
C R F M E R P V E M W Y O P L G
R M X O G O H E D D B Q T U L B
O E K N O D C Y R Z H N Q Z N E
F K K I L D C O T A B H D B G P
F Z F I W R T P S H Q K L F G A
O M T E A E D D G I M H T Y H R
N S B I Q C C E R D D O R F K U
W I F F L L B A R D D O N O L U
```

ALBWM
HARMONI
HARMONIG
BALED
CANWR
CANU
CLASUROL
CORWS
TELYNEGOL
ALAW

MEICROFFON
CERDDOROL
CERDDOR
OPERA
BARDDONOL
COFNODI
RHYTHMIG
RHYTHM
OFFERYN
LLEISIOL

# 41 - Barbecue

```
N C L S L V S N V B S B H H P F
A M E F F R W Y T H A W I P I Q
V H O R L M V W N C W Y G G W P
J D U O D Q D E Q S S D I P Q U
W F A H D D J N W M O G Z O W P
V N M I N R O I N I C P R N N U
G G E H D Z Y R X C U D Z I E R
P D G M Z D A L I I L V G C L S
P N O U R N O Z K A U G V Y A L
T O M A T O S H G C E Y Y L H S
N I Z I T D Q I A Y T T H L D A
V H U S V V S H I W G Y H Y N L
X T N Y N J G V P I G Y R L E A
S R X L W D F R P Â F B J L N D
G Y Q L O Y I O R R R P P V F A
Q S T B Q P Z H U S P O E T H U
```

| | |
|---|---|
| POETH | GRIL |
| CINIO | SALADAU |
| BWYD | GWAHODDIAD |
| SYRTHION | CERDDORIAETH |
| CYLLYLL | PUPUR |
| HAF | CYW IÂR |
| NEWYN | TOMATOS |
| TEULU | HALEN |
| FFRWYTH | SAWS |
| GEMAU | LLYSIAU |

# 42 - Fisica

```
M X N E F F O R M I W L A M Y F
F E Q X H A M Z M U O L K A M D
P D C V S A M P J W G Z F G L D
G A H A F R N F E R H N A N A I
N M P W N A G G N Z D N I E C S
R L V A Y E E R U S D L D T I G
D D K O R L G U O M E A D E O Y
A E U Z Y C V J P N S U M G U R
I R H Q W W Y Z E O Y A T O M C
M O L E C I W L I R W N R Q F H
Y G M A H N N L R T D D N P Z I
L C E M E G O L I C L S L A P A
F T R A L O D R A E E E A V U N
Y P M B Y G N W N L Y I M D N T
C Q D R Q V K V T E Z U L K S D
C Y F F R E D I N O L Z S S N G
```

| | |
|---|---|
| CYFLYMIAD | DISGYRCHIANT |
| ATOM | MAGNETEG |
| ANHREFN | MECANEG |
| CEMEGOL | MOLECIWL |
| DWYSEDD | PEIRIANT |
| ELECTRON | NIWCLEAR |
| EHANGU | GRONYNNAU |
| FFORMIWLA | YMLACIO |
| AMLDER | CYFFREDINOL |
| NWY | |

# 43 - Agronomia

```
G  I  D  E  L  W  G  B  T  A  G  D  S  R  T  H
W  R  P  P  N  E  F  W  T  S  W  Y  A  R  Y  A
Y  P  F  R  D  Q  N  Y  D  T  R  C  F  G  M  D
D  U  F  B  I  T  D  D  D  U  T  Y  N  B  C  A
D  D  E  O  A  D  A  J  E  D  A  N  C  B  H  U
O  C  R  P  D  T  D  K  H  I  I  H  L  L  W  U
N  S  M  M  N  E  M  K  C  A  T  Y  E  P  I  N
I  H  I  S  A  C  M  P  L  E  H  R  F  X  L  L
A  N  O  H  B  O  O  F  Y  T  D  C  Y  L  S  B
E  K  N  U  O  L  K  P  G  H  U  H  D  L  Z  C
T  W  X  Y  D  E  J  N  M  P  W  U  A  Y  Y  A
H  P  Y  E  G  G  I  N  A  G  R  O  U  G  T  J
S  Y  S  T  E  M  A  U  E  V  Z  E  W  R  C  A
W  H  T  T  D  D  Ŵ  R  L  G  X  B  N  E  Z  U
S  O  X  R  P  X  N  L  H  C  A  L  R  D  H  K
B  N  J  U  M  L  A  V  U  P  C  S  N  D  S  Y
```

| | |
|---|---|
| DŴR | CLEFYDAU |
| FFERMIO | ORGANIG |
| AMGYLCHEDD | CYNHYRCHU |
| BWYD | YMCHWIL |
| TWF | GWLEDIG |
| ECOLEG | GWYDDONIAETH |
| YNNI | HADAU |
| GWRTAITH | SYSTEMAU |
| ADNABOD | ASTUDIAETH |
| LLYGREDD | PRIDD |

# 44 - Erboristeria

```
C V P O K U R O M F J V T Q P R
Y D H T A B V R A S F R Z N G L
N Y D O L B M E R A P E B E N R
H P E R S L I G J F Y K N W C L
W E K C P I E A O F R W V I Y G
Y W F A H D T N R R H Y Q O G E
S T O I P W F O A W G C B U S L
I B A S I L T E M M D A L A G L
O L M X C J R A M S O H R R D R
N A A C V G Z R R M F C T D C A
M F N O O K U H T A J Q S D D G
M A S G Y B I Z Z O G V X R M B
Y N A I P M C S H O T O Y Y F V
V T W N A R O M A T I G N W F I
X Y D I C X G X U W E S K G U K
W V D O N M B Z L E X T S A G M
```

GARLLEG
DIL
AROMATIG
BASIL
COGINIO
TARAGON
FFENIGL
BLODYN
GARDD
CYNHWYSION

LAFANT
MARJORAM
BATHDY
OREGANO
PERSLI
ANSAWDD
RHOSMAR
TEIM
GWYRDD
SAFFRWM

# 45 - Danza

```
P G Y C Z J M P I W C E C H T C
C W Z E R H Y T H M V J O R R J
P E R R A C A D E M I Q R F A N
T L K D D A M M L W W B F K D E
D E P D Q R O I I G J N F U D I
I D L O N N A I L L Y W I D O D
W O O R G T H F L K O I F O D I
Y L N I S S A R G T G S F Y I O
L A N A O Y O W I H L O A W A U
L R A E H U M U L G O M R Y D L
I N I T C B T U O H R E G M O I
A Q G H P E S T D Y U Z O A L D
N N E W A L L K S I S K E R X R
T W N O M T N F O E A U R F F X
X R Y G P H E Q E M L D O E G Z
K U M P A R T N E R C M C R R K
```

ACADEMI
CELF
CLASUROL
PARTNER
COREOGRAFFI
CORFF
DIWYLLIANT
DIWYLLIANNOL
EMOSIWN
MYNEGIANNOL

LLAWEN
GRAS
SYMUDIAD
CERDDORIAETH
OSGO
YMARFER
RHYTHM
NEIDIO
TRADDODIADOL
GWELEDOL

# 46 - Biologia

```
E  S  P  A  N  Y  S  S  F  L  N  P  E  S  S  Z
M  A  S  L  N  J  N  I  K  D  A  R  Y  E  Y  V
B  L  G  W  I  D  N  S  I  P  T  O  G  S  M  X
R  X  P  K  W  H  F  O  T  Q  U  T  Q  L  B  R
Y  R  F  X  R  U  V  M  M  H  R  E  M  T  I  H
O  W  I  G  O  M  Z  S  A  R  I  I  E  B  O  Y
Z  F  I  E  N  Y  U  O  M  D  O  N  C  G  S  W
C  R  O  M  O  S  O  M  A  W  L  H  R  M  I  O
E  A  F  O  A  N  D  A  L  G  I  E  R  T  S  G
S  T  K  T  B  E  K  W  J  L  E  M  T  X  W  A
X  Q  D  A  I  G  Y  L  B  S  E  N  E  R  F  E
V  O  J  N  E  G  A  L  O  C  Y  C  B  W  Q  T
D  W  V  A  I  R  E  T  C  A  B  X  D  Q  S  H
Y  M  L  U  S  G  I  A  I  D  G  W  B  D  Y  A
V  I  V  T  S  E  G  K  X  W  V  B  R  N  H  U
E  U  U  O  M  C  L  W  I  J  J  M  R  M  W  L
```

ANATOMEG
BACTERIA
CELL
COLAGEN
CROMOSOM
EMBRYO
ENSYM
ESBLYGIAD
MAMAL
TREIGLAD

NATURIOL
NERF
NIWRON
HORMON
OSMOSIS
PROTEIN
YMLUSGIAID
SYMBIOSIS
SYNAPSE
RHYWOGAETHAU

# 47 - Attività Commerciale

```
U  N  W  U  L  S  X  L  R  U  P  L  W  B  W  X
N  Q  I  T  T  K  G  K  M  E  C  E  O  U  Y  A
A  U  D  N  L  Y  S  M  A  B  L  Y  N  D  C  H
I  N  C  W  M  F  Y  W  B  E  I  S  A  D  Y  U
R  P  U  I  Y  W  L  Q  W  D  M  U  U  S  M  Q
A  F  R  Y  G  V  C  F  K  I  Z  T  A  O  R  E
F  T  R  E  T  H  I  C  Y  L  L  I  D  D  F  Q
D  Y  S  F  S  P  O  L  C  L  C  R  D  D  D  D
D  I  P  P  O  I  S  Y  G  Y  N  T  Y  I  K  B
Y  D  S  G  C  J  P  H  J  C  X  A  W  A  E  O
W  H  G  G  E  M  O  N  O  C  E  F  N  D  F  E
S  E  L  W  O  U  X  R  P  D  O  F  A  R  T  U
H  D  W  L  R  W  G  O  L  F  Y  C  B  V  D  F
H  A  X  S  V  J  N  C  Y  F  L  O  G  A  I  V
H  K  R  T  X  F  M  T  G  W  E  R  T  H  U  F
L  G  L  L  J  S  B  M  L  O  Y  L  M  P  J  A
```

| | |
|---|---|
| CYLLIDEB | SIOP |
| GYRFA | ELW |
| COST | INCWM |
| CYFLOGWR | DISGOWNT |
| CYFLOGAI | CWMNI |
| ECONOMEG | ARIAN |
| FFATRI | TRETHI |
| CYLLID | TRAFOD |
| BUDDSODDIAD | SWYDDFA |
| NWYDDAU | GWERTHU |

# 48 - Filantropia

```
K Z R C Y N K C X S N J N P F X
A I H V E H E R I A U X I H K Q
D O A F T N A L P W F I G A G Z
D X G L T C H O V F M O P O B L
Y H L I U A D A I T L L Y S Y C
E S E N A H X B D E N U M Y C I
F O N O G A J A N A H F K B D E
N J N I J N S U D D E O H Y C U
O O I L G G E A X U D T S D X E
R I D E U E C Y L L I D H E V N
C Q A A S N E S U L E S U A I C
L R C H U A I P W R G G G N W T
D Y N O L I A E T H G F I G D I
M Q P I U Z F T Y L I V H R Y D
P I O H O G O N E S T R W Y D D
K R U Y L G Y J V W H R L G K G
```

PLANT
ANGEN
ELUSEN
CYMUNED
CYSYLLTIADAU
CYLLID
CRONFEYDD
HAELIONI
IEUENCTID
BYD-EANG

GRWPIAU
CENHADAETH
NODAU
GONESTRWYDD
POBL
RHAGLENNI
CYHOEDDUS
HERIAU
HANES
DYNOLIAETH

# 49 - Ecologia

```
L  S  Y  H  U  G  U  B  C  S  R  O  G  K  N  S
K  X  W  S  I  K  R  Y  M  Y  Y  A  D  H  S  W
N  D  D  I  W  A  Y  D  Y  X  N  C  Y  J  U  U
K  T  A  D  Y  X  W  E  N  N  D  E  H  O  A  Z
V  I  I  E  H  Z  L  A  Y  F  E  Q  F  D  D  C
E  F  L  E  T  F  O  N  D  X  L  N  Z  I  E  Y
P  B  A  M  E  P  D  G  D  A  F  O  D  R  N  R
H  I  N  S  A  W  D  D  O  D  F  I  R  V  U  B
N  S  Y  P  I  R  O  B  E  N  A  G  U  A  M  N
T  E  C  F  W  Y  F  F  D  O  W  I  T  C  Y  A
M  O  F  Y  Y  H  R  A  D  D  N  H  A  V  C  T
O  R  A  S  R  U  I  T  R  D  A  N  N  R  D  U
L  O  R  O  M  B  W  Z  B  A  U  A  O  D  Z  R
G  G  S  V  A  A  G  C  Y  U  O  L  D  U  J  I
L  L  Y  S  T  Y  F  I  A  N  T  P  P  V  U  O
R  H  Y  W  O  G  A  E  T  H  A  U  W  A  F  L
```

| | |
|---|---|
| HINSAWDD | NATURIOL |
| CYMUNEDAU | GORS |
| AMRYWIAETH | PLANHIGION |
| FFAWNA | ADNODDAU |
| FLORA | SYCHDER |
| BYD-EANG | GOROESI |
| CYNEFIN | CYNALIADWY |
| MOROL | RHYWOGAETHAU |
| MYNYDDOEDD | LLYSTYFIANT |
| NATUR | GWIRFODDOLWYR |

# 50 - Discipline Scientifiche

```
V Y N E C O L E G M S M M Y C W
C D M I M A E T H Q E W E I Y R
D E Y D W S Y S X H R Y T E M H
K E M D N R P E D O Y N E I D F
H K B E E D O R J K D G O T E F
D C C J G N T L A N D L R H I I
Q B K F E O V K E X I A O Y T S
C Y G S R E S P L G A W L D H I
A R C H A E O L E G E D E D A O
W Y I N E G T V E Y T D G I S L
C E K D A D U P K P H K E A E E
Z H Q V D M E C A N E G L E G G
S E I C O L E G A G Z U O T J R
M Q V Q G E L O N W I M I H G X
A L L Y S I E U E G W N B U U B
A N A T O M E G E M E C O I B Q
```

ANATOMEG
ARCHAEOLEG
SERYDDIAETH
BIOCEMEG
BIOLEG
LLYSIEUEG
CEMEG
ECOLEG
FFISIOLEG
DAEAREG

IMIWNOLEG
IEITHYDDIAETH
MECANEG
METEOROLEG
MWYNGLAWDD
NIWROLEG
MAETH
SEICOLEG
CYMDEITHASEG

# 51 - Scienza

```
G W Y D D O N Y D D H A A U K P
E O G C E C B M V G A T R A Q L
S I M C E V V O Y N S O B L S A
P Z B M Y A G G J M U M R W D N
W N B I I Q L R U T A N A I D H
D I S G Y R C H I A N T W C A I
A P B E N A G R O F N U F E M G
T W S S D V V H V F Y Y K L C I
L M C I D C D N Q O N I W O A O
L A P F A H E B G S O A J M N N
U F B F T K W J P I R V X H I A
D I F O A J B T N L G U L F A L
G G T A R H I N S A W D D S E W
U D E D I D A I G Y L B S E T G
E H T V U T Y C E M E G O L H Z
T C A E A A H T O R D U F C T F
```

ATOM
CEMEGOL
HINSAWDD
DATA
ARBRAWF
ESBLYGIAD
FFAITH
FFISEG
FFOSIL
DISGYRCHIANT

DDAMCANIAETH
LABORDY
DULL
MWYNAU
MOLECIWLAU
NATUR
ORGANEB
GRONYNNAU
PLANHIGION
GWYDDONYDD

# 52 - Imbarcazioni

```
C  L  D  T  H  G  U  X  J  Q  F  F  T  O  U  Y
Z  B  L  K  T  W  N  U  K  G  Q  K  Q  N  U  S
B  P  X  A  D  N  Y  L  L  L  S  O  N  V  C  K
E  D  N  B  N  Z  R  L  O  R  W  R  O  M  I  O
N  T  O  Q  M  W  P  K  I  E  W  W  U  E  P  P
Z  O  P  O  F  O  E  H  V  O  A  R  M  Ô  R  I
X  N  G  Z  Y  L  J  Q  K  A  A  O  X  P  O  I
G  N  Z  F  A  X  P  R  X  R  V  M  Z  W  G  Q
T  A  M  N  F  F  C  E  F  N  F  O  R  V  N  J
F  U  C  W  C  H  H  W  Y  L  I  O  C  X  A  O
X  E  L  T  R  Ŵ  B  X  L  K  H  F  O  R  N  E
K  Y  A  V  R  N  O  F  A  M  M  G  V  S  I  O
B  A  H  P  C  A  I  A  C  W  P  K  Q  U  T  W
A  B  I  Y  F  C  V  E  L  Y  M  E  K  H  M  K
F  O  T  P  Z  A  R  T  N  A  I  R  I  E  P  N
K  B  B  L  G  M  I  R  E  F  F  F  A  H  R  I
```

MWYAF
ANGOR
CWCH HWYLIO
PRYNU
CANŴ
RHAFF
CRIW
AFON
CAIAC
LLYN

MÔR
LLANW
MORWR
PEIRIANT
MORWROL
CEFNFOR
TONNAU
FFERI
HWYLIO
LLU

# 53 - Chimica

```
H D F Z I H N O T Q J V C S A N
O A I N D V M M Y Z F A U Q L I
R C L S O C S I G E N E Y V C W
G S Y E G E J N K G W L H H A C
A Z H R N E G O R D Y H Z D L L
N J V W I L W I C E L O M A Ï E
I T D G R E Z O M Q X M A S A A
G N D R O M G S P O I O E I I R
A O E Q L Q C Q W U T S E D D F
K Q R R C F C A N O R A N D D L
E L E C T R O N R O M Y S Y W N
U I H K B L N S V B O B Y L W F
K O M N E T S W S D O H M A V P
V E Y X P W Y S A U J N S T E A
L I T O N M Z G D L A Y K A E P
B P Q V F E E N I E Y I I C Q S
```

ASID
ALCALÏAIDD
ATOMIG
GWRES
CARBON
CATALYDD
CLORIN
ELECTRON
ENSYM
NWY

HYDROGEN
ION
HYLIF
MOLECIWL
NIWCLEAR
ORGANIG
OCSIGEN
PWYSAU
HALEN
TYMHEREDD

# 54 - Api

```
P U U V J Z Q N U Z L P A F V A
L Z P L L I A P I M Ê L D F V M
A E C O S Y S T E M B U E R E R
N M P I M W G W V A L A N W H Y
H H R D B L O D Y N N H Y Y B W
I J A D B V L P S W N Y D T U I
G S X U Y O S L X G U C D H G A
I E B B C J I A H W U S W D D E
O N M O P W C V K G T V G Y D T
N I F E N Y C C G Q J E O W R H
J H K O D J G H U A D O L B A Y
H N P N V G I C Q Y I E E V G F
V E O I K M N H C X A M F U H K
Q R L S D Y A C M A H M Q Y D J
G B G M H E J Q D I V Q G I R P
P F U O E L I H P I C V K M W P
```

ADENYDD

CWCH

BUDDIOL

CWYR

BWYD

AMRYWIAETH

ECOSYSTEM

BLODAU

BLODYN

FFRWYTH

MWG

GARDD

CYNEFIN

PRYFED

MÊL

PLANHIGION

PAILL

BRENHINES

HAID

HAUL

# 55 - Conservazione

```
M  F  T  U  V  L  G  O  T  R  I  E  C  H  Y  D
Y  L  P  R  Y  D  E  R  I  Z  I  N  M  O  L  D
N  L  O  I  R  U  T  A  N  Y  P  K  N  F  L  W
E  E  G  W  I  R  F  O  D  D  O  L  W  R  Y  A
W  I  A  M  G  Y  L  C  H  E  D  D  O  L  G  S
I  H  E  C  O  S  Y  S  T  E  M  K  P  D  R  N
D  A  O  I  P  U  M  M  N  J  E  X  M  X  E  I
I  U  Z  N  B  L  Z  O  L  H  S  G  O  U  D  H
A  H  C  L  Y  C  A  R  H  S  H  W  Z  S  D  C
D  C  L  R  K  V  O  L  C  A  D  Y  D  L  T  Y
A  L  N  N  M  W  E  N  A  Q  F  R  Ŵ  D  G  N
U  Y  N  B  T  T  D  M  G  D  B  D  S  J  H  E
R  G  I  N  A  G  R  O  U  A  D  D  L  Q  Z  F
M  L  T  C  S  A  D  D  Y  S  G  W  L  N  A  I
R  I  C  Y  N  A  L  I  A  D  W  Y  Y  U  P  N
T  A  F  H  F  U  O  J  P  O  E  O  N  R  I  L
```

| | |
|---|---|
| DŴR | ORGANIG |
| AMGYLCHEDDOL | PLALADDWYR |
| NEWIDIADAU | PRYDER |
| CYLCH | AILGYLCHU |
| HINSAWDD | LLEIHAU |
| ECOSYSTEM | IECHYD |
| ADDYSG | CYNALIADWY |
| CYNEFIN | GWYRDD |
| LLYGREDD | GWIRFODDOLWR |
| NATURIOL | |

# 56 - Professioni #2

```
D H V C F D D Y N N A I R I E P
A I S U E R U Z P C G C W E B R
R W I S I E F Y D M I R D I I L
L R W I T N I E P F Q N O T O L
U W M M U C R W M R E F F H L Y
N R Y M C H W I L Y D D O Y E F
Y U O S I K N L B E Z K G D G R
D D Y F F A R G O T O F F D Y G
D A G I P E I L O T X R W L D E
D I A T E Z R S K Z G Z H I D L
Y D R C M E D D Y G F T K T C L
T D D E L L A W F E D D Y G A Y
N Y D T E O P U C Z V N P H V D
I W W I L V A T H R O N Y D D D
E E R D C Z S E N L L P H N M A
D N O F U M F Q Z V I S W Y D Y
```

FFERMWR
GOFODWR
LLYFRGELLYDD
BIOLEGYDD
LLAWFEDDYG
DEINTYDD
DITECTIF
ATHRONYDD
FFOTOGRAFFYDD
GARDDWR

NEWYDDIADURWR
DARLUNYDD
PEIRIANNYDD
ATHRO
DYFEISIWR
IEITHYDD
MEDDYG
PEILOT
PEINTIWR
YMCHWILYDD

# 57 - Letteratura

```
A  C  Y  T  L  L  U  D  D  R  A  C  C  T  D  C
C  H  W  E  D  L  G  I  H  J  M  E  Y  R  A  Y
B  P  M  M  O  E  B  S  H  M  E  R  M  O  D  F
O  D  U  U  H  F  E  G  J  N  H  D  H  S  A  A
G  E  N  R  E  O  N  R  B  R  T  D  A  I  N  T
B  O  B  I  E  N  I  I  E  R  N  U  R  A  S  E
Y  E  L  A  C  E  H  F  M  D  F  U  I  D  O  B
W  A  J  A  R  F  C  I  F  H  T  M  A  P  D  I
G  G  O  D  I  N  Y  A  M  U  T  V  E  D  D  A
R  N  Y  T  D  E  R  D  S  S  C  Y  T  V  I  E
A  D  R  B  A  R  D  D  O  N  O  L  H  W  A  T
F  B  F  R  N  A  L  T  O  J  A  L  Y  R  D  H
F  G  G  G  S  J  B  N  Q  U  W  M  D  R  V  P
I  R  B  V  H  I  R  F  R  C  D  L  Z  Y  S  Y
A  J  D  J  W  J  A  Y  T  R  U  V  L  P  D  F
D  P  C  A  S  G  L  I  A  D  R  F  Y  A  D  Z
```

DADANSODDIAD
CYFATEBIAETH
CHWEDL
AWDUR
BYWGRAFFIAD
CASGLIAD
CYMHARIAETH
DISGRIFIAD
DEIALOG
GENRE

TROSIAD
BARN
CERDD
BARDDONOL
ODL
RHYTHM
NOFEL
ARDDULL
THEMA
DRYCHINEB

# 58 - Cibo #2

```
I M W N Z Z M B W F W K L O I G
M R E I S S Z A A A I B L J J K
T I E A J Y O T P R W U B U S F
N G R O B J T S Y W A Q X Z P S
A F A L X X U G S W A C Z S I E
L W T P W Q L H G X N N H R O L
P N M A Z V S T O T A M O T G E
G M A Z C G M I D P F E D I W R
G R A W N W I N C E F E U W R I
E I E H H P W E Y L L N M A T K
K E A C B V I W W W I C R O Q X
C S E R A C C G I L O C O R B S
M L T A N Z C R Â R F W T I I F
D F M D A D X V R W N J R B S C
V G C A N C E I R I O S B A I O
W U K M A T V C F Q U U F T X Z
```

| | |
|---|---|
| BANANA | BARA |
| BROCOLI | PYSGOD |
| CEIRIOS | CYW IÂR |
| SIOCLED | TOMATO |
| CAWS | HAM |
| MADARCH | REIS |
| GWENITH | SELERI |
| CIWI | WY |
| AFAL | GRAWNWIN |
| EGGPLANT | IOGWRT |

# 59 - Nutrizione

```
Y U U J Y S S A W S I R M B P P
C A R B O H Y D R A D A U W R H
P F L A P S U S V Y R Y S Y O U
N I M A T I F L I Q Z Z E T T K
K L P W Y S A U G E C U L A E A
O Y G A L O R Ï A U B I P D I R
Q H T E A M D V W M P S E W N C
V N C Y N U O E Y N G E Y A H
C Y T B W Y S F I V Q A G A U W
I W P V R N O Z M E R A G N I A
F N F O E R N X K G T J J S B E
V E Q Y W D D K B C M X I A Y T
E W N A H E I E C H Y D A W J H
W G G V C I S U F X W Z C D P C
T R E U L I A D B E Q S H D I Y
P H H D N O M Q C R I C W W F J
```

CHWERW
ARCHWAETH
CYTBWYS
GALORÏAU
CARBOHYDRADAU
BWYTADWY
DEIET
TREULIAD
EPLESU
HYLIFAU

MAETH
PWYSAU
PROTEINAU
ANSAWDD
SAWS
IECHYD
IACH
SBEISYS
GWENWYN
FITAMIN

# 60 - Matematica

```
A C Y F O C H R O G N N Z G B P
C M R A L W C I D N E P R E B A
U Y F Q R Q T X G L B T Y O N R
T H M E F H K K W N F L G M S A
J E N E S T Q J B O J D E E G L
R C W A S U B O N G L A U T W E
Q B I Z H U R K D Y G I X R Â L
S V S W Z U R G Y L N L R E R O
Y U C W I B D E D O O A F G Y G
R U A K M H E D D P I F U Y Z R
D R R F O K M D E D R A Z S Y A
E Y F Q R N A Y H G T H B B W M
G G F X T U I F C Y U D R Z M J
O K L H K B D I L A Y R T E P N
L O R F Y C C H Y Y M X D H G H
V R A D I W S R C J U D C B X N
```

| | |
|---|---|
| ONGLAU | AMFESUR |
| RHIFYDDEG | BERPENDICWLAR |
| CYLCHEDD | POLYGON |
| DEGOL | SGWÂR |
| DIAMEDR | RADIWS |
| HAFALIAD | PETRYAL |
| FFRACSIWN | CYMESUREDD |
| GEOMETREG | SWM |
| CYFOCHROG | TRIONGL |
| PARALELOGRAM | CYFROL |

# 61 - Meditazione

```
F  L  B  L  T  O  S  T  U  R  I  M  T  G  E  M
P  B  D  J  X  N  U  B  J  U  X  C  S  B  M  E
M  U  O  W  R  N  X  H  E  T  O  H  Y  V  O  D
G  R  N  F  T  S  T  C  Y  A  F  T  M  Z  S  D
M  X  L  I  X  O  D  W  W  N  O  E  U  G  I  Y
S  Y  L  W  T  L  U  R  Q  L  L  A  D  H  Y  L
U  J  W  S  N  L  Q  A  P  W  S  I  I  P  N  I
P  G  D  D  Y  W  R  G  I  D  E  R  A  C  A  O
A  R  D  C  W  D  E  H  H  L  U  O  D  C  U  L
A  A  E  M  B  E  D  C  H  E  Y  D  O  T  O  M
A  N  M  N  F  R  R  L  D  W  B  D  L  N  S  F
A  X  A  T  A  B  U  O  S  A  F  R  D  C  G  Q
V  Q  A  D  S  Y  L  I  L  D  C  E  P  E  O  L
Q  Y  W  F  L  N  G  D  C  L  V  C  M  Z  M  A
M  L  S  I  X  U  E  H  E  D  D  W  C  H  L  Z
H  A  P  U  S  R  W  Y  D  D  U  P  T  C  H  E
```

DERBYN
SYLW
DAWEL
EGLURDER
TOSTURI
EMOSIYNAU
HAPUSRWYDD
CAREDIGRWYDD
DIOLCHGARWCH
MEDDYLIOL

MEDDWL
SYMUDIAD
CERDDORIAETH
NATUR
HEDDWCH
MEDDYLIAU
OSGO
SAFBWYNT
ANADLU

# 62 - Elettricità

```
A P Z L O A H N R A D A C G W S
J R E B A W H T I A W D Y W H R
L B Q E X M O S K X I F G I M U
O O G C Z S P T G X J U U F A D
D F T S H Y A O Q S V A D R G A
D B F C N E B R Q F O H E A N R
Y C G E D V A I S L F C L U E E
G D R L R B T O J K I Y E Z T N
E H B L W B R E S A L R T D J E
N J F P N E I I T F E H P X V G
Q E F T A H H B S G M T N I A M
O P Ô R D Z V F R F J R J C C Y
N W N Y Y M U B S O Y W D L H R
M C B D R A W H V F X G U A C Z
J I X A T F A N N A L D B F N C
S O U N H A C O C E M D X P C J
```

OFFER
BATRI
CEBL
STORIO
TRYDANWR
TRYDAN
GWIFRAU
GENERADUR
LAMP
BWLB

LASER
MAGNET
NEGYDDOL
GWRTHRYCHAU
CADARNHAOL
SOCED
MAINT
RHWYDWAITH
FFÔN
TELEDU

# 63 - Antiquariato

```
W J D T B X X W D G W E R T H A
F M M E T U Z D D H H N W Y C R
Z Q M S G F D W W A O R J U K W
K F N E H A H D A U P S E H O E
Q P A J V T W X S Y L I D Q L R
F V I K G H J D N O A R N V O T
S I R F T B O J A O D P R Y E H
N C A R D D U L L U M D X B P I
A J U M T P R O A X I D I G U A
N V A C E L F R D D F N W A B N
A E N E N E I E V H D W M M D T
D Y R C D I R F Z M S U T C H V
F B A A L R N R C N X P R W L N
E D D I G O A A R W M G Y N B P
R N E N R O C N F E R D O D O C
C E R F L U N A C Y F L W R O L
```

| | |
|---|---|
| CELF | DODREFN |
| ARWERTHIANT | DARNAU ARIAN |
| DILYS | PRIS |
| CYFLWR | ANSAWDD |
| DEGAWDAU | ADFER |
| ADDURNOL | CERFLUN |
| CAIN | CANRIF |
| ORIEL | ARDDULL |
| ANARFEROL | GWERTH |
| BUDDSODDIAD | HEN |

# 64 - Escursionismo

```
M A P R T M C C F K E U S P C E
A N G E I R L V X F D C R A Y S
P I I R R Z M K R F H Q F R F G
Q F D Ŵ R Y Z W O I J C D C E I
N E E V T G G Z X D V C D I I D
K I N X X A T L O T C M W A R I
M L I E Q D A Z O A Q R A U I A
R I L O M D C T I N M M S H A U
U A F T C Y C L O G W Y N D D C
N I M S L P N L Y F Y E I I N Q
F D I N X P D Y P A B I H O A H
M G D T S P R W D D Y W Y T T A
C E R R I G T G P D V E V A U U
G T G C A Z X R H K A J T R R L
J B D M P U A I W A L L N A C X
G W E R S Y L L A M K K J P P T
```

DŴR  
ANIFEILIAID  
GWERSYLLA  
HINSAWDD  
CANLLAWIAU  
MAP  
TYWYDD  
MYNYDD  
NATUR  
CYFEIRIAD  

PARCIAU  
PERYGLON  
TRWM  
CERRIG  
PARATOI  
CLOGWYN  
GWYLLT  
HAUL  
FLINEDIG  
ESGIDIAU

# 65 - Professioni #1

```
N C R W O C Y F R E I T H I W R
T Y U G Y T A R T Q Q X T J I E
V P R W I S N W A D H E L W Y R
F L W S E I K D H A S V O L L E
Q P M U K T F D C N G W N H C H
H A Y N N R S Y H N W I Q Y G P
Y K L D Q A Q R F E Y D W F O A
W S P L K D T E Z G D F D F L R
V P L C H J A S O S D C A O Y G
X I B A N C I W R Y O E E R G O
M A U Q L Z X B O L N R A D Y T
E N U U X I O G I L Y D R D D R
G Y D D E F L I M A D D E W D A
X D D Y M E G C E N D O G R Q C
D D Y G E L O C I E S R W T W D
F F E R Y L L Y D D E O R J P J
```

| | |
|---|---|
| HYFFORDDWR | FFERYLLYDD |
| LLYSGENNAD | DAEAREGWR |
| ARTIST | GEMYDD |
| SERYDDWR | PLYMWR |
| CYFREITHIWR | NYRS |
| DAWNSIWR | CERDDOR |
| BANCIWR | PIANYDD |
| HELWYR | SEICOLEGYDD |
| CARTOGRAPHER | GWYDDONYDD |
| GOLYGYDD | MILFEDDYG |

# 66 - Antartide

```
Y  M  C  H  W  I  L  Y  D  D  M  C  D  C  G  K
F  H  Y  C  E  Y  O  G  S  A  O  A  D  Y  W  A
A  M  G  Y  L  C  H  E  D  D  R  D  I  F  Y  K
D  D  E  O  S  Y  N  Y  F  H  F  W  Â  A  D  M
U  A  L  Y  M  Y  C  T  U  T  I  R  R  N  D  T
Z  X  I  G  Y  Z  I  P  C  E  L  A  B  D  O  M
I  E  N  T  W  I  K  U  G  A  O  E  P  I  N  W
Q  E  U  A  H  E  O  P  Z  I  D  T  B  R  O  Y
R  H  E  W  L  I  F  O  E  D  D  H  S  A  L  N
I  J  B  M  F  S  X  B  Y  D  G  F  Q  L  E  A
S  S  J  U  J  J  R  N  N  Y  H  R  N  E  P  U
A  E  V  D  Z  M  D  D  E  R  E  H  M  Y  T  L
Q  H  U  O  P  B  D  O  V  A  D  B  U  F  G  U
C  R  E  I  G  I  O  G  B  E  X  Ŵ  D  B  K  W
H  A  L  P  O  D  T  S  E  A  P  R  R  I  Z  H
E  F  U  T  P  A  H  E  C  D  U  B  S  J  D  F
```

DŴR
AMGYLCHEDD
BAE
MORFILOD
CADWRAETH
CYFANDIR
DAEARYDDIAETH
RHEWLIFOEDD
IÂ
YNYSOEDD

MUDO
MWYNAU
CYMYLAU
PENRHYN
YMCHWILYDD
CREIGIOG
GWYDDONOL
DAITH
TYMHEREDD

# 67 - Libri

```
B K C B D D L E F O N A S Y H E
U C Y A O E G L K C U R U T N D
D Y F R N U A V E P D G S L J A
D D R D I O W Y N N S G I P E R
S D E D O L D Z H E Y I P A R L
O E S O L I U E S L P D A H A L
D S M N X A R C B A E E D Y E E
D T I I D E U M O D R N A O T N
I U S A A T T F E U T E D G L Y
E N N E I H N H K T H F R N Y D
W L U T L V A C G S N I O B F D
Y A G H G Y Z E T H A R D U N A
H A N E S Y D D O L S G D R S B
L G T R A S I G S E O S W P I O
J C N X C H W H M A L Y R Y B S
Z S T O R I R J D T T Z Z Y U A
```

AWDUR
ANTUR
CASGLIAD
CYD-DESTUN
DEUOLIAETH
EPIG
BUDDSODDI
LLENYDDOL
DARLLENYDD
ADRODDWR

TUDALEN
BARDDONIAETH
PERTHNASOL
NOFEL
YSGRIFENEDIG
CYFRES
STORI
HANESYDDOL
TRASIG
DONIOL

# 68 - Geografia

```
H K Q H T E A G O I R I T Y V M
E Z P H Y G C W C M D O G F U H
R N Y T X O I L S L V Z R Q C E
B Z H M Q A I A M L O B A T H M
B V T W O H E D D E L G O G D I
G O R L L E W I N D D F K M E S
M P A Ô D E Q L Q R O V B K R F
E I B E M G Y L N E E Z P R H F
R T N D Q G C N H D Q V J R E E
I Y A L A G M A P T W V F I Q R
D X H N I I H Y D R E D S M Y F
I A R I D N A F Y C S S A L T A
A W S D P T B Z B V I C H F B V
N M Y N Y D D Y K C U Z T U O Z
J P N P W S M T D D I N A S K N
D R Y O S L N J F E B E E Y W X
```

UCHDER
ATLAS
DINAS
CYFANDIR
HEMISFFER
AFON
YNYS
LLEDRED
HYDRED
MAP

MÔR
MERIDIAN
BYD
MYNYDD
GOGLEDD
GORLLEWIN
GWLAD
RHANBARTH
DE
TIRIOGAETH

# 69 - Cibo #1

```
U  C  O  P  L  E  B  O  H  L  B  H  E  Y  X  U
T  A  M  H  L  S  A  O  A  L  G  C  A  A  W  Z
G  C  S  B  A  M  T  P  I  A  M  Z  J  A  H  S
I  E  L  U  E  E  H  F  D  S  I  W  G  R  F  R
C  N  L  V  T  F  D  K  D  S  I  N  A  M  O  N
U  O  Y  L  H  U  Y  H  G  E  L  L  Y  G  H  E
N  R  Q  B  R  S  S  B  I  G  O  G  L  Y  S  L
I  O  C  E  U  A  B  A  S  I  L  U  F  X  J  A
O  M  D  Z  E  P  G  T  S  D  N  Q  P  Z  C  H
N  X  Z  J  W  S  G  U  Z  U  S  S  X  W  X  R
C  M  F  T  I  W  N  A  K  S  D  Q  T  Y  E  S
K  Y  S  K  Y  A  O  O  H  T  A  D  C  P  Y  X
X  L  P  U  V  U  M  K  M  M  J  L  R  L  O  Q
W  Z  Z  B  W  P  E  U  W  N  G  I  A  H  P  R
T  O  U  E  J  N  L  O  E  I  H  T  X  D  A  X
S  M  W  Y  P  L  U  A  H  P  N  O  H  Q  Q  O
```

| | |
|---|---|
| GARLLEG | BATHDY |
| BASIL | HAIDD |
| SINAMON | GELLYG |
| CIG | MAIP |
| MORON | HALEN |
| UNION | SBIGOGLYS |
| MEFUS | SUDD |
| SALAD | TIWNA |
| LLAETH | CACEN |
| LEMON | SIWGR |

# 70 - Aeroplani

```
O  D  D  Y  W  H  C  C  N  E  Z  C  V  X  D  J
O  Z  P  N  J  I  Y  U  O  K  L  R  A  U  S  K
N  H  G  R  U  L  R  D  C  X  O  I  W  Y  L  Y
B  A  L  Ŵ  N  J  S  A  R  H  F  W  Y  Y  R  N
A  W  Y  R  G  Y  L  C  H  O  D  M  R  W  T  K
F  A  U  U  X  B  J  J  I  W  G  E  Q  X  M  O
G  G  D  T  Q  A  F  N  D  H  D  E  R  Q  S  M
M  M  A  N  M  Q  R  F  Y  L  A  E  N  C  K  G
S  Y  L  A  Y  C  W  R  L  O  I  N  A  L  G  Y
P  E  I  R  I  A  N  T  U  Y  N  A  E  Y  T  O
D  A  E  G  F  Y  N  O  N  P  Y  A  M  S  A  N
G  G  D  B  O  O  Y  L  I  S  G  W  B  W  N  T
L  Q  A  N  H  B  C  I  O  C  S  E  R  M  W  P
Y  R  Y  W  H  T  I  E  T  K  I  S  S  O  Y  H
R  C  Z  Y  K  H  F  P  K  X  D  G  N  P  D  P
C  Y  F  E  I  R  I  A  D  I  A  N  D  W  D  V
```

| | |
|---|---|
| UCHDER | CRIW |
| AWYRGYLCH | CHWYDDO |
| GLANIO | HYDROGEN |
| ANTUR | PEIRIANT |
| TANWYDD | LYWIO |
| AWYR | BALŴN |
| ADEILADU | TEITHWYR |
| DYLUNIO | PEILOT |
| CYFEIRIAD | HANES |
| DISGYNIAD | CYNNWRF |

# 71 - Governo

```
C Y F A N S O D D I A D D Z J X
C Y F R A I T H T F H T I T C C
A N N I B Y N I A E T H N A S Y
S K E S T D L O R W N R A B D F
H T E A I R W D A L W B S Q E R
H C O K F F Z W X G Z A Y I M E
E A I Z H S I K O D D M D E O I
N R D N T M R L A D R A D G C T
E K D K E S H X H V F I I C R H
B O Y I A I Y Z Q D F A A E A I
C E N E D L A E T H O L E N T O
Z G I A O D I L V T V O T E I L
L K E V F H Y O H I W B H D A D
A J W T A V N H B A Y M Z L E A
F X R P R B R S R R F Y T F T G
P C A G T J L K S A Q S V A H B
```

ARWEINYDD
DINASYDDIAETH
SIFIL
CYFANSODDIAD
DEMOCRATIAETH
ARAITH
TRAFODAETH
BARNWROL
ANNIBYNIAETH

CYFREITHIOL
CYFRAITH
RHYDDID
HENEB
CENEDLAETHOL
CENEDL
ARDAL
SYMBOL
WLADWRIAETH

# 72 - Bellezza

```
L  P  E  C  N  A  R  G  A  R  F  I  N  G  O  G
H  J  L  A  S  W  Y  N  R  W  S  I  S  W  L  U
Z  L  G  I  A  M  W  O  S  L  R  U  C  A  E  L
S  Y  O  N  O  E  A  M  T  G  Q  L  Y  S  W  G
A  I  R  D  Z  E  G  S  X  Y  J  L  N  A  A  Y
R  U  A  K  R  U  L  O  C  A  S  I  H  N  U  D
G  W  M  M  I  Y  D  F  G  A  P  W  Y  A  R  E
O  L  C  H  P  A  C  U  M  S  R  Y  R  E  Y  E
P  L  Q  G  U  H  Q  H  V  T  E  A  C  T  S  U
S  T  E  I  L  Y  D  D  V  O  D  D  H  H  S  K
M  I  N  L  L  I  W  F  Q  Z  N  C  I  A  I  D
C  J  R  N  F  U  T  R  J  H  I  R  O  U  L  K
R  N  N  B  E  P  S  A  P  E  E  O  N  P  W  C
F  F  O  T  O  G  E  N  I  G  C  E  Q  K  K  P
V  U  C  A  Q  H  M  C  Y  W  U  N  U  O  R  T
I  I  Y  P  B  I  L  E  U  J  U  Y  T  H  T  Q
```

| | |
|---|---|
| LLIW | OLEWAU |
| COLUR | CROEN |
| CAIN | CYNHYRCHION |
| CEINDER | AROGL |
| SWYN | CURLS |
| SISWRN | MINLLIW |
| FFOTOGENIG | GWASANAETHAU |
| FRAGRANCE | SIAMP |
| GRAS | DRYCH |
| MASCARA | STEILYDD |

# 73 - Avventura

```
G H C W L E G O I D F A X B N G
H D D Y N E W A L L F N N R A W
P V F Z R H T Y P U R H S W A E
Y D R S S C R B B I I A L D O I
S D X U X A H L D G N W K F B T
C Y F L E N C F C L D S C R L H
W W C G T A W G A P I T N Y B G
N E Z Y E R D W O N A E A D H A
Q N N R I F D I M O U R T E E R
X C I E T E R B O Z P X U D R E
A W C P H R A D Q T V K R D I D
K T E N I O H A T D A O A T A D
K Q D X O L O I F E X R C N U G
X T G V H E T T Z H S V A N E U
L L Y W I O X H F M D C C P V R
C D E W R D E R A M S E R L E N
```

FFRINDIAU

GWEITHGAREDD

HARDDWCH

DEWRDER

CYRCHFAN

ANHAWSTER

BRWDFRYDEDD

GWIBDAITH

LLAWENYDD

ANARFEROL

AMSERLEN

NATUR

LLYWIO

NEWYDD

CYFLE

PERYGLUS

PARATOI

HERIAU

DIOGELWCH

TEITHIO

# 74 - Oceano

```
S I O J C M M Y A P L U Â G L A
T X N Z R A O D A K C G K W L N
O J Z Z A R D R H J R F T V Y W
R D Q D N N A H F Q A I N D S I
M K L Q C G M A X I D D O N Y T
S C I U C A H L R R L O F I W T
G C S S U R C E V T A G X F O D
L W C W R E L N T Z O S G F D W
E C A P T J H B G M I Y R L Q S
F H L O W O I Z P P E P C O G E
R W L T N Y N O X T D P H D V O
O S J C A Q S N S I A R C I M A
D S G O L F A T A G C R W B A N
M G W Q L Z G K R U B E R D Y S
Ô H M E H O J U V Y N U E W Y D
R D T U L C N G L L S S E Z B W
```

ALGÂU
LLYSYWOD
MORFIL
CWCH
CWREL
DOLFFIN
BERDYS
CRANC
LLANW
SGLEFROD MÔR

TONNAU
WYSTRYS
PYSGOD
OCTOPWS
HALEN
NODDI
SIARC
CRWBAN
STORM
TIWNA

# 75 - Famiglia

```
M  L  S  G  E  Z  A  Z  Z  M  V  L  H  D  A  W
E  O  V  I  Q  R  M  D  H  K  U  P  H  I  I  M
U  D  D  A  T  N  A  L  P  K  C  H  W  A  E  R
L  A  A  R  B  W  G  F  I  I  M  Y  P  I  J  Ŵ
B  T  I  W  Y  R  S  A  C  Z  W  X  F  L  O  G
A  G  F  G  U  B  A  M  W  B  G  I  P  L  F  J
C  U  A  M  A  M  O  W  J  X  B  D  W  I  E  Z
L  E  N  I  A  N  D  O  D  N  Y  T  N  E  L  P
E  N  Y  T  N  E  L  P  F  P  R  J  M  F  I  K
R  X  H  B  I  M  K  C  G  X  P  G  J  E  Y  F
N  T  J  C  G  G  J  N  T  K  Z  J  I  U  N  I
L  A  K  Q  R  H  T  Y  W  E  K  M  V  K  A  R
E  I  B  F  S  E  V  A  D  A  Y  J  M  O  I  M
Z  D  X  A  K  U  M  M  O  Y  K  K  V  Z  P  G
I  G  X  M  J  F  R  F  T  C  E  F  N  D  E  R
C  N  Z  S  X  N  M  G  U  J  U  M  W  F  V  J
```

| | |
|---|---|
| HYNAFIAD | MAMAU |
| PLANT | GWRAIG |
| PLENTYN | NAI |
| CEFNDER | NAIN |
| MERCH | TAID |
| BRAWD | TAD |
| EFEILLIAID | TADOL |
| PLENTYNDOD | CHWAER |
| FAM | MODRYB |
| GŴR | EWYTHR |

# 76 - Creatività

```
P  M  D  T  Y  D  I  L  Y  S  R  W  Y  D  D  A
I  D  D  O  S  D  D  U  B  K  Z  J  C  J  A  R
Y  D  Y  S  B  X  E  E  B  S  L  W  K  V  L  G
U  R  W  K  R  C  J  L  F  D  D  E  R  G  M  R
T  A  R  O  Y  Q  R  J  W  I  T  O  N  Y  I  A
Z  M  G  K  D  K  F  S  Y  E  L  W  V  M  E  F
N  A  O  Y  O  U  D  Y  Q  D  Y  Q  Y  T  F
U  T  I  H  L  W  R  K  D  I  O  D  H  H  V  A
A  I  W  J  I  S  Y  N  I  A  D  A  U  C  A  E
D  G  Y  U  A  N  Y  I  S  O  M  E  M  Y  R  G
A  W  B  X  E  F  G  P  Q  R  L  M  D  T  L
L  Z  Y  T  T  N  A  I  G  E  N  Y  M  G  I  U
M  W  G  S  H  J  S  H  A  K  F  Q  J  V  S  R
I  E  K  J  E  Q  R  X  T  J  D  C  K  H  T  D
E  F  W  S  J  D  D  I  G  Y  M  E  L  L  I  E
T  Q  W  Z  A  X  D  W  G  A  K  L  Q  L  G  R
```

| | |
|---|---|
| ARTISTIG | ARGRAFF |
| DILYSRWYDD | DWYSEDD |
| EGLURDER | GREDDF |
| DRAMATIG | BUDDSODDI |
| EMOSIYNAU | YSBRYDOLIAETH |
| MYNEGIANT | TEIMLAD |
| HYLIFEDD | TEIMLADAU |
| SYNIADAU | DIGYMELL |
| DYCHYMYG | BYWIOGRWYDD |
| DELWEDD | |

# 77 - Veicoli

```
H N G Z J L S Q I R O L S A I P
C W C H M L K B R S L H W C X K
R O C E D O C Z E N F B B C T T
A H I P D N A V F A Y F J W I A
C X E T Y G R P F L Z O F S T T
V N B T N D A E Y W L L U R C G
Y P U E N A F N X I W S U E D L
T X Q P E N A N X B V D G T L D
T O P G R F N W R M M R T W X H
B I N E F O O T Q A G Y R G R R
D S R H O R O T C A R T Ê S L F
A C U I H A E Q C S X T N Q S G
D A D P O O F X I F H T X X W I
U T O J U N E R Y W A L O G O H
H I M Q Q T P Q L Y F K P O X W
D X L T Q G R B L T Z T F B Y M
```

AWYREN
AMBIWLANS
CAR
BWS
CWCH
BEIC
LORI
CARAFAN
HOFRENNYDD
ISFFORDD

MODUR
TIRION
ROCED
SGWTER
LLONG DANFOR
TACSI
FFERI
TRACTOR
TRÊN
LLU

# 78 - Emozioni

```
M B C C G F B M S U O R F F Y G
F C S Y X O O O K G W H M T C H
A L Y N Y Z G D G H Y Y W E A A
E D U N T A C D L X R D S O R M
R H C W R E N Y T O H D Y F E D
O N C Y O Q Z N W V N H N N D D
J O H S H H O E D Y D A D V I E
H E D D W C H W D I N D O F G N
M H U P L W Q A I T C F D D R O
C L Y W A D C L F R L T Y Y W L
T Q H V F D X L L I J B E D Y T
W G D P K Y J E A S Y V U R D N
P R A F X N Y W S T D C T G D R
P P M L R O G A T W Y A C D Y B
N L L O Y L C D O C U R U F V W
R A G H C L O I D H N U K P E Z
```

| | |
|---|---|
| CARU | OFN |
| WYNFYD | DICTER |
| DAWEL | HAMDDENOL |
| CYNNWYS | RHYDDHAD |
| GYFFROUS | FODLON |
| CAREDIGRWYDD | SYNDOD |
| LLAWENYDD | TYNERWCH |
| DIOLCHGAR | LLONYDDWCH |
| DIFLASTOD | TRISTWCH |
| HEDDWCH | |

# 79 - Balletto

```
Y  M  A  R  F  E  R  C  H  U  U  A  C  A  E  K
I  M  B  F  Y  C  H  Q  B  A  C  F  Y  R  S  O
S  M  D  D  E  S  Y  W  D  T  B  D  M  T  Q  R
R  P  Y  W  S  O  U  H  K  C  F  I  E  I  Z  Q
E  H  A  N  V  C  N  S  Y  E  N  E  R  S  C  C
W  K  Y  J  E  E  V  Y  A  R  S  L  A  T  O  Y
G  K  I  T  A  G  L  B  U  S  A  L  D  I  R  F
V  W  A  Q  H  I  I  H  Z  M  V  U  W  G  E  A
W  H  N  N  V  M  X  A  A  U  I  N  Y  E  O  N
Y  S  T  U  M  R  W  D  N  K  O  Y  A  N  G  S
D  A  W  N  S  W  Y  R  R  N  D  G  E  H  R  O
C  E  R  D  D  O  R  F  A  Q  O  G  T  C  A  D
X  L  N  W  W  Q  S  L  A  Z  A  L  H  E  F  D
H  T  E  A  I  R  O  D  D  R  E  C  K  T  F  W
H  K  O  N  G  O  S  G  E  I  D  D  I  G  I  R
S  L  L  U  D  D  R  A  J  W  B  B  N  S  W  J
```

| | |
|---|---|
| CYMERADWYAETH | GWERSI |
| ARTISTIG | CYHYRAU |
| UNAWD | CERDDORIAETH |
| DAWNSWYR | CERDDORFA |
| CYFANSODDWR | YMARFER |
| COREOGRAFFI | GYNULLEIDFA |
| MYNEGIANNOL | RHYTHM |
| YSTUM | ARDDULL |
| GOSGEIDDIG | TECHNEG |
| DWYSEDD | |

# 80 - Paesi #1

```
V B G Y O J S B A E N N P M X M
Y E R R O M A N I A E O A A I O
R F N A C M L L I W A R N L C R
A I Z E S A P L K Y M W A I A O
I E P G Z I M Q P N L Y M D N C
F T G I D U L B O O A Z A R A O
F N N Q I F E N O K R R V H D F
T A C L P Q A L L D Y N E F A P
T M C F E S R A A R I D N I F F
M P Y M F I S C U I X A D J Y E
U F Y I M L I G W L A D P W Y L
R R Z R M F C H I L I B Y A Z B
Q E L A G E N E S P B D E I K C
O L G C X F Z E P P L I N E W N
W Z U H K G D G M X D B N I E G
L P I N D I A J X G R L Y F L Q
```

BRASIL
CAMBODIA
CANADA
YR AIFFT
FFINDIR
YR ALMAEN
INDIA
IRAC
ISRAEL
LIBYA

MALI
MOROCO
NORWY
PANAMA
GWLAD PWYL
ROMANIA
SENEGAL
SBAEN
VENEZUELA
FIETNAM

# 81 - Geometria

```
D S H H H Q Z U R D H V G O Z P
I H M K H A G B C H C L Y C D M
M D O T L X Q C F H E U B J L W
E T I X J C M Y E B D S I C O F
N I L M O R G F R O D E Y Y D G
S T C A H Q T R T A E A R M D H
I H X Y K Q K A I J R F G D E I
W E D T F F U N G H U I U Q W G
N O I R C R U S O N S Y O M R O
K R A I A A I Q L B E N Y W O R
K I M O N J O F Z H M G N D L H
M O E N O A D I I S Y V G Z L C
C Y D G L G J H Z A C L A Y G O
L N R L R Y M R K F D P Z U N F
V V V K I H A F A L I A D E O Y
I E Z A F S E G M E N T P L S C
```

UCHDER
ONGL
CYFRIFIAD
CYLCH
GROMLIN
DIAMEDR
DIMENSIWN
HAFALIAD
RHESYMEG
CANOLRIF

RHIF
LLORWEDDOL
CYFOCHROG
CYFRAN
SEGMENT
CYMESUREDD
WYNEB
THEORI
TRIONGL
FERTIGOL

# 82 - Foresta Pluviale

```
P A R C H H A D D Z D Z P B P L
G G E O T I M D I S E O R O G L
T R F R E N R P A L W R Y T H O
L Z D W A S Y G I V M H F A J C
Q C A H R A W R B K L Y E N T H
J Y L Z W W I C I U C W D E W E
B Y Z W D D A Z F F Y O I G K S
V P N K A D E N F J N G A O U K
F L Q G C V T S M O H A I L X G
A D A R L F H L A M E E L B T H
T Q K C Y M U N E D N T A D H K
N C Y M Y L A U V L I H M M K I
L A I M W S O G L F D A A T Z K
R O T V J B U C U X Q U M W H C
F T S U G W E R T H F A W R O X
Z G R O R B J E J Z X J M A X U
```

| | |
|---|---|
| AMFFIBIAID | NATUR |
| BOTANEGOL | CYMYLAU |
| HINSAWDD | CADWRAETH |
| CYMUNED | GWERTHFAWR |
| AMRYWIAETH | ADFER |
| JYNGL | LLOCHES |
| CYNHENID | PARCH |
| PRYFED | GOROESI |
| MAMALIAID | RHYWOGAETHAU |
| MWSOGL | ADAR |

# 83 - Edifici

```
R C A B A N K C B C K C W P L H
O Z F L M Q F F L A T J J N Y D
S P L L E T S A C S I N E M A C
U Z L E Y F E W C T T E R V W D
Y T Y B S Y D I E Y R T H Y Z I
Q K S A G N R V R O B U G S Y A
N E R P O G W E S T Y O N O F Y
J Q A Z L E T S O H A Q L F F L
R E Y Z L C F X H I T F T D M A
R L I O L W A F W L O R F M J B
S T A D I W M R E F F Y D L C O
B D A N H C R A F H C R A N K R
O G Y E J T A M G U E D D F A D
C O Q K H F L M A K C N R S S Y
D V H O P T O Z U T M Q N L F L
K P R I F Y S G O L L B B A F F
```

| | |
|---|---|
| FFLAT | YSBYTY |
| CABAN | ARSYLLFA |
| CASTELL | HOSTEL |
| SINEMA | YSGOL |
| FFATRI | STADIWM |
| FFERM | ARCHFARCHNAD |
| YSGUBOR | THEATR |
| GWESTY | PABELL |
| LABORDY | TWR |
| AMGUEDDFA | PRIFYSGOL |

# 84 - Malattia

```
L Q M C C C A S T M J B S L L N
W Z L E P A T H O G E N A U L I
G E I V I S Y N D R O M X I W
T W J H E N A W G H I I I R D R
R G N O L A G G E N E T I G Y O
O O K A V U C E S R M J E I H P
G O Y O P A H I F F R O C N C A
I O Y K M D K U W N L U Y O E T
P M F R I D I W S T O B L R I H
A E I Y Y E R U Q I D L B C O E
R L Z W E G W A Q Y D M J C B G
E Y Q T N R Y G S E E W W L O P
H A I C F E D F U G F R Y N K L
T R E X L L D O M D I D C B N L
I J G G R A A D S U T N I E H E
D H I A T E B O L E E Y M M Z S
```

ACIWT

ALERGEDDAU

LLES

HEINTUS

CORFF

CRONIG

GALON

GWAN

ETIFEDDOL

GENETIG

IMIWNEDD

LLID

MEINGEFNOL

NIWROPATHEG

ESGYRN

PATHOGENAU

ATEBOL

IECHYD

SYNDROM

THERAPI

# 85 - Paesi #2

```
X U O J L K V N M W L E F W K W
U U T D H S W Q E E I G S R Z C
U L I B E R I A C T A W P Z Z R
C A I S W R Y F S H L L J N V Á
E P N I G T J J I I A A P W O I
M E A K P O L N C O O D A U C N
I N G L R N M I O P S G K A I P
A Z E M N T M G Z I V R I N W E
D L P W D K J E D A A O S R E U
N Y B S Y V A R E S C E T K R J
A Y K A T O C I N E U G A K D D
G A X S N L M A M A G D N R D K
U E U P F I T I A H P T A A O I
H V W I J D A I R Y S A V N N X
J A M A I C A G C Q A E J W Q Z
I N D O N E S I A N N T G N W K
```

ALBANIA
DENMARC
ETHIOPIA
JAMAICA
JAPAN
GWLAD GROEG
HAITI
INDONESIA
IWERDDON
LAOS

LIBERIA
MECSICO
NEPAL
NIGERIA
PAKISTAN
RWSIA
SYRIA
SUDAN
WCRÁIN
UGANDA

# 86 - Tipi di Capelli

```
B S Y C P O L H G F O X K Y M B
Q R G J W G L C M V R H H Z E L
L Y O D W W W C O C G L Q L D E
Y B I W P Y Y D D G G N B Z D T
S F L D N N D N J A R I A N A H
F Z R Q K X T Y F W I L V F L I
G I Y N T M M F A G H L G Y W F
I P C L C S M R X S E O I L Z B
D P I N S Y C H C A I N G L X N
E J D B J S L A Y X D D T J C Y
H W L D L Q K A A M O E L W J L
T M H Q X O L N S L L T Y O Y F
E E I J R J N U G W L Q M H C D
L O N P R X I D F Y I X L L X H
P C F A Y P S U H C W R T Z B B
W S L R U C P N K H J U S A G I
```

ARIAN
SYCH
GWYN
BLOND
BYR
MOEL
LLIW
LLWYD
PLETHEDIG
LLYFN

HIR
BROWN
MEDDAL
DU
CYRLIOG
CURLS
IACH
TENAU
TRWCHUS
BLETHI

# 87 - Vestiti

```
K E L H X Z C E C P Z O I N T K
C R A X T H N R G L A L W E K J
N K I D T V N P Y R B N L T R L
G I Y R C M X S P S G D T Ô C K
M X O G T M D O B A N D A S P W
H K W M T R E G S Y G E R W G Q
C H A B G C C N S V Z H G R G B
U A L A D N A S I N S W R T I V
F R L Q I G I R F G S I W G P I
F F R A G S S A M A J Y P W U Z
E F U U S X N A R W S H N S Z R
D A X T E H Î B R E I C H L E D
O S W O L B J S V Y E P I F J Y
G I X T B L B B Z N K K N E P L
Z W S W V J Z C N D I V O R T N
Y N Z C H W Y S W R G W T Q N M
```

| | |
|---|---|
| GWISG | FFEDOG |
| BREICHLED | MENIG |
| BLOWS | JÎNS |
| CRYS | CHWYSWR |
| HET | FFASIWN |
| CÔT | PANTS |
| GWREGYS | PYJAMAS |
| ADNABOD | SANDALAU |
| SIACED | ESGID |
| SGERT | SGARFF |

# 88 - Arte

```
K  M  B  H  K  J  L  B  Y  C  O  C  P  J  E  V
S  H  P  R  J  L  O  B  M  Y  S  R  O  O  W  G
P  I  V  T  O  G  N  Y  G  F  J  E  R  O  W  Y
Y  S  B  R  Y  D  O  L  I  A  F  U  T  S  H  N
H  F  P  W  N  C  S  M  M  N  H  A  R  U  C  K
S  T  Q  G  G  H  R  Y  A  S  W  I  E  Z  Y  I
V  X  N  F  Z  Z  E  S  R  O  Y  P  A  F  M  F
M  X  M  X  P  U  P  C  E  D  L  N  D  F  H  U
G  W  E  L  E  D  O  L  C  D  I  U  U  I  L  U
M  Y  N  E  G  I  A  N  T  I  A  L  C  P  E  O
W  T  O  F  S  V  T  L  J  A  U  F  L  B  T  F
O  P  H  T  E  A  I  N  O  D  D  R  A  B  H  F
A  N  B  G  Y  L  O  I  D  D  I  E  R  W  G  I
A  J  E  O  G  P  B  D  M  L  T  C  M  C  N  G
V  D  O  S  P  A  E  N  T  I  A  D  A  U  A  U
T  F  S  H  T  E  A  L  A  E  R  W  S  R  S  R
```

| | |
|---|---|
| CERAMIG | PERSONOL |
| CYMHLETH | BARDDONIAETH |
| CYFANSODDIAD | PORTREADU |
| CREU | CERFLUN |
| PAENTIADAU | SYML |
| MYNEGIANT | SYMBOL |
| FFIGUR | PWNC |
| YSBRYDOLI | SWREALAETH |
| ONEST | HWYLIAU |
| GWREIDDIOL | GWELEDOL |

# 89 - Meteo

```
R Z K D R D G T U H P N Y Q X W
K X E C T N Y W G W S V V H W D
W F P B M Ŵ V K I I E C J N K H
I A X J B S R X Q M N L W T U C
J Z J E H N V U V U K L N I W L
T N M O O O D A N R O T V C S Y
Z L N I J M I N P O L A R O T G
E L E B Â M A A W D C X R R R
L O N N A F O R T L L E M W H Y
T H F S O N K A Y F S S R Y P W
H C Y S E Q I T E W F A O N M A
U A S S Y C H D E R A M T T O Q
Q Q W T Y M H E R E D D S N C C
P M X E I P H I N S A W D D X A
C C B G L C W M W L A Q B S B Q
S S V S I M X Q K R U Y Y Y P H
```

| | |
|---|---|
| ENFYS | CWMWL |
| SYCH | POLAR |
| AWYRGYLCH | SYCHDER |
| AWEL | TYMHEREDD |
| AWYR | STORM |
| HINSAWDD | TORNADO |
| MELLT | TROFANNOL |
| IÂ | TARANAU |
| MONSŴN | CORWYNT |
| NIWL | GWYNT |

# 90 - Corpo Umano

```
G E Y W T K N Y W C U H E S F W
O A R W R C P S V R Ê F F K F N
P E L G V T E G B O Z Z G E G C
E P N O V R N W P E W T Q C P L
J I F X N W E Y N N N Q T D S U
D T J L I Y L D N A P Y Q L P S
Z T K O L N I D L L A W W Ê N T
E M C C G Y N Y M E N N Y D D X
G C C F N F F K B F R B G A J J
P N U Q E C T A O D P E N G G B
G R B E P M O F L D W L L Y D I
D Q C S K O D E A W G D J L W S
Y W Y Q G L A W S G D D H L L O
X P P S G G M L B Y S K Y J U I
H A B I X S V S U H D D M E Q S
I V Z K E O N I R D K M J F N M
```

| | |
|---|---|
| GEG | LLAW |
| FFÊR | ÊN |
| YMENNYDD | TRWYN |
| GWDDF | LLYGAD |
| GALON | CLUST |
| BYS | CROEN |
| WYNEB | GWAED |
| COES | YSGWYDD |
| PEN-GLIN | BOLA |
| PENELIN | PEN |

# 91 - Mammiferi

```
C  W  N  I  N  G  E  N  I  P  L  P  D  F  K  W
Z  W  S  I  A  Z  A  P  F  L  M  L  X  T  D  P
B  G  A  C  M  O  W  C  F  H  U  V  E  T  X  J
Q  R  X  I  R  F  M  G  H  T  C  T  J  W  Z  Q
P  C  Q  Z  Y  X  L  O  O  R  A  G  N  A  K  Z
P  E  E  S  S  J  F  X  R  A  R  B  E  S  M  A
D  O  L  F  F  I  N  Q  Y  F  T  A  R  W  Q  T
L  L  W  Y  N  O  G  Q  I  D  I  A  F  E  D  N
P  Y  O  K  B  L  A  I  D  D  B  L  O  F  F  A
E  F  F  A  R  I  J  F  J  D  G  Q  N  F  F
S  Y  Z  F  G  O  R  I  L  A  W  T  B  B  J  F
O  W  R  I  E  C  O  Y  O  T  E  M  W  N  C  I
C  S  C  I  Z  C  C  A  T  H  J  I  M  V  Z  L
D  E  A  F  W  B  Y  T  V  M  Q  C  F  F  W  E
J  P  L  G  K  P  V  Z  Z  V  E  H  T  N  T  L
G  J  Y  O  O  S  G  R  O  M  J  T  A  Z  L  E
```

| | |
|---|---|
| MORFIL | JIRAFF |
| CI | GORILA |
| KANGAROO | LLEW |
| CEFFYL | BLAIDD |
| CEIRW | ARTH |
| CWNINGEN | DEFAID |
| COYOTE | MWNCI |
| DOLFFIN | TARW |
| ELIFFANT | LLWYNOG |
| CATH | SEBRA |

# 92 - Arrampicata

```
U A I D I G S E D C S I Q T Q C
A K Q T X T U Y O A E B S H T H
I W G Q V X S T X N F O G O C W
R M Y Q A D Z I X L Y I Q Y H I
E E Y R Y O J I B L D C Q T Y L
H N M W G J C V N A L I B I F F
C I X G P Y B U U W O E M R F R
X G E I A H L Z L I G H Z Z O Y
P G U N L A O C P A R D X G R D
A S P E D W R A H U W V C J D E
S F E B V Z O F U D Y U V H D D
P I T R E D F Y R C D C B E I D
Z Y B A T E F O R R D M J L A C
U C H D E R R A N A F F A M N S
W R C F E Q O R F Y K B W P T G
K J E D I J C W K V S N M X S A
```

| | |
|---|---|
| UCHDER | MENIG |
| AWYRGYLCH | CANLLAWIAU |
| HELM | ANAF |
| CHWILFRYDEDD | MAP |
| HEICIO | HERIAU |
| ARBENIGWR | SEFYDLOGRWYDD |
| CORFFOROL | ESGIDIAU |
| HYFFORDDIANT | CUL |
| CRYFDER | TIR |
| OGOF | |

# 93 - Cucina

```
T Y H G K C S B E I S Y S D C U
N F Z Q E K L V Z T B T C W W A
C D O V M W L Z W I F P H L P E
Z Y D E O O E L E Á J O O X A H
A J N M R Z G J W S T P P B N I
F F Y R C G W W O Y Y Z S W A G
A D F G U O E G S R A J T Y U T
K I E X Z D H L I R G U I D K M
O T N E Y E R L L B E I C F X D
X Q W S Z F A Y N O U Y K K U X
D E D Z G F O L A E L V S Q G A
V C F V T Z I L P T E G E L L I
Q B O B F I D Y C B M H K T D C
L L E T W A D C Y N O E S D G E
X W L L Y S O W N Q Q W S L O O
Y C P Q W O N D Q Q C L L A R N
```

CHOPSTICKS
TEGELL
JWG
BWYD
BOWL
CYLLYLL
RHEWGELL
LLWYAU
FFYRC
POPTY

OERGELL
FFEDOG
GRIL
LLETWAD
RYSÁIT
SBEISYS
NODDI
CWPANAU
NAPCYN
JAR

# 94 - Giardinaggio

```
C  A  C  V  O  I  B  E  H  L  J  V  E  B  R  U
O  B  S  L  Y  P  G  K  I  Y  H  S  H  L  H  U
M  I  R  S  L  O  G  E  N  A  T  O  B  O  Y  B
P  B  A  W  O  J  K  J  S  Y  F  C  F  D  W  E
O  K  G  D  R  V  D  B  A  S  D  C  G  A  O  R
S  B  L  D  O  J  F  G  W  N  G  O  O  U  G  L
T  E  Z  H  H  Y  R  Ŵ  D  E  I  J  L  A  A  L
S  M  K  S  M  H  Y  W  D  A  T  Y  W  B  E  A
F  V  L  U  Y  H  A  D  A  U  O  G  K  D  T  N
R  E  D  H  T  I  E  L  L  I  S  Y  Y  R  H  C
Z  H  U  Q  A  A  P  S  D  R  G  H  Q  U  A  R
T  Q  I  W  U  Q  K  V  D  A  E  A  L  B  U  V
C  Y  N  H  W  Y  S  Y  D  D  I  P  K  O  P  C
A  P  O  P  T  U  S  W  I  C  L  L  E  B  I  P
K  R  C  E  R  I  G  Z  R  S  H  X  D  K  W  T
W  X  N  Y  M  O  B  K  P  Q  M  Y  W  N  Q  Z
```

| | |
|---|---|
| DŴR | BERLLAN |
| BOTANEGOL | TUSW |
| HINSAWDD | HADAU |
| BWYTADWY | RHYWOGAETHAU |
| COMPOST | BAW |
| CYNHWYSYDD | TYMHOROL |
| EGSOTIG | PRIDD |
| BLODYN | PIBELL |
| BLODAU | LLEITHDER |
| DAIL | |

# 95 - Universo

```
T  K  O  V  N  R  Z  L  E  Z  A  E  L  V  A  M
Y  T  S  N  W  N  H  X  Q  F  W  D  F  C  S  T
W  E  F  S  G  U  R  W  D  D  Y  R  E  S  T  P
Y  L  O  F  E  N  A  T  E  B  R  A  G  L  E  G
L  S  L  R  P  D  D  A  R  H  A  Y  O  L  R  T
L  I  X  H  B  D  E  R  D  E  L  L  R  E  O  E
W  D  T  E  E  I  P  K  Y  K  O  S  W  U  I  L
C  Y  X  M  Y  N  T  N  H  W  S  M  E  A  D  E
H  D  I  I  W  R  D  L  C  I  D  I  L  D  K  S
J  D  P  S  J  M  P  P  L  M  B  A  O  D  P  G
Y  G  L  F  Z  Y  A  X  Y  N  D  P  L  B  V  O
Y  Z  H  F  I  Z  I  S  G  K  T  I  D  E  M  P
E  A  F  E  G  I  D  N  R  I  E  J  A  C  W  O
E  K  E  R  N  C  Q  I  Y  T  C  O  S  M  I  G
G  A  L  A  E  T  H  B  W  M  U  M  U  F  U  D
L  F  A  O  J  H  T  E  A  I  D  D  Y  R  E  S
```

| | |
|---|---|
| ASTEROID | LLEDRED |
| SERYDDIAETH | HYDRED |
| SERYDDWR | LLEUAD |
| AWYRGYLCH | ORBIT |
| TYWYLLWCH | GORWEL |
| NEFOL | SOLAR |
| AWYR | ATEB |
| COSMIG | TELESGOP |
| HEMISFFER | GWELADWY |
| GALAETH | SIDYDD |

# 96 - Jazz

```
H  W  H  X  C  F  F  E  F  R  Y  N  N  A  U  C
B  G  E  T  T  E  R  N  E  G  L  Â  W  T  V  Y
W  H  N  I  I  T  R  Y  Q  D  L  C  N  H  M  F
A  R  T  I  S  T  X  D  K  L  U  I  I  D  C  A
P  W  Y  S  L  A  I  S  D  R  D  E  M  T  E  N
Y  Q  B  H  T  E  A  I  R  O  D  D  R  E  C  S
K  L  S  B  J  R  C  T  P  T  R  Q  K  N  K  O
K  C  N  T  E  C  H  N  E  G  A  F  T  M  N  D
C  Y  N  Y  T  Y  N  R  M  W  B  L  A  K  K  D
E  N  E  O  Q  E  C  Y  H  K  I  B  E  D  L  I
N  G  W  F  D  V  J  F  D  Y  H  S  P  N  P  A
W  E  Y  S  A  O  N  Y  L  L  T  D  N  L  T  D
O  R  D  J  Y  F  L  F  X  C  J  H  H  M  S  O
G  D  D  X  N  E  R  R  Y  R  D  H  M  N  D  A
G  D  C  H  T  E  A  Y  W  D  A  R  E  M  Y  C
O  A  U  T  W  S  N  B  I  A  O  K  Z  K  I  M
```

ALBWM
CYMERADWYAETH
ARTIST
CÂN
CYFANSODDIAD
CYNGERDD
PWYSLAIS
ENWOG
GENRE
BYRFYFYR

CERDDORIAETH
NEWYDD
CERDDORFA
FFEFRYNNAU
RHYTHM
ARDDULL
TALENT
TECHNEG
HEN

# 97 - Vacanze #2

```
G Z G W Z T O U C N J E H M B I
G W D R J I M W D L L E B A P G
H T E A R T A U I E U A C I Z T
A N O R T S E D Z V E D Q J Y H
X H Y M S V S C T W N V I N T V
L U G A Y Y T A C S I Q D A W U
S T Q P N T L T G W R L H N N G
T R Ê N Y S L L A W R Ô M E C T
T A I T H E L V A B Y D A D I C
F I S A U W U R A N W L J D H Y
K I R Y G G N A K D A V I M R R
L K X T X N I L H J S E W A V C
G Y M Y O L A O H C E Y M H U H
E Y O W T D U N K W A G U K W F
P A S B O R T Z G E M J C U P A
Y S I U Z T L U N U U O K F B N
```

MAES AWYR
GWERSYLLA
CYRCHFAN
LLUNIAU
GWESTY
YNYS
MAP
MÔR
PASBORT
BWYTY

TRAETH
ESTRON
TACSI
HAMDDEN
PABELL
CLUDIANT
TRÊN
GWYLIAU
TAITH
FISA

# 98 - Attività

```
G O V C H U W R X Z J S I A C Z
D W C G H Y E P P C P M M P W M
V N E L L R A D Y P B J Z L X N
S U O I C A L M Y S U A M E G G
K A Ï R T P O S A U G T C S L X
U T N J T H C E L F E O Z E N P
X F W C O X G C Z C Q I T R P W
G F G B K H G A T C T S L A K F
H E I C I O E W R D N N H L P W
Z R N J J I M Q A E D W E L Y E
J C A J A D A A I U D A L Y D O
J U A B E D R O D D I D A S A T
A T P U U R E L L V O E W R Y H
B N K X W A C F V S N J X E U D
J H W E T G N E C H U D C W K H
H A M D D E N G R L S S B G V X
```

| | |
|---|---|
| CELF | GEMAU |
| CREFFTAU | DIDDORDEBAU |
| GWEITHGAREDD | DARLLEN |
| HELA | HUD |
| GWERSYLLA | GWAU |
| CERAMEG | PYSGOTA |
| GWNÏO | PLESER |
| DAWNSIO | POSAU |
| HEICIO | YMLACIO |
| GARDDIO | HAMDDEN |

# 99 - Diplomazia

```
S  M  L  L  Y  S  G  E  N  N  A  D  L  T  J  C
G  W  R  T  H  D  A  R  O  D  H  M  L  T  V  Y
Y  M  G  Y  R  C  H  O  E  D  D  H  Y  H  B  M
P  S  A  C  E  K  A  E  I  A  J  L  W  A  E  U
D  A  T  R  Y  S  H  C  W  L  E  G  O  I  D  N
T  B  D  A  T  A  V  R  L  M  I  I  D  D  N  E
C  R  E  D  N  W  A  I  F  Y  C  S  R  H  U  D
T  X  A  Z  Q  E  E  G  D  L  O  E  A  B  T  D
S  S  J  F  Y  T  M  L  C  E  J  N  E  I  Y  Y
G  D  D  E  O  H  T  I  E  I  V  I  T  D  C  N
Z  N  O  I  D  D  Y  S  A  N  I  D  H  V  J  G
T  R  A  M  O  R  A  M  O  E  S  E  G  Q  T  A
A  Z  V  J  O  Y  B  E  D  N  O  I  N  U  I  R
D  I  X  Y  Z  D  N  C  T  A  T  E  B  X  J  O
E  K  R  G  P  K  Y  D  W  H  Q  V  C  T  E  L
C  Y  F  R  E  I  T  H  I  O  L  E  M  R  L  X
```

| | |
|---|---|
| LLYSGENNAD | UNIONDEB |
| YMGYRCHOEDD | CYFREITHIOL |
| DINASYDDION | IEITHOEDD |
| DINESIG | DATRYS |
| CYMUNED | DIOGELWCH |
| GWRTHDARO | ATEB |
| TRAFODAETH | TRAMOR |
| MOESEG | CYTUNDEB |
| CYFIAWNDER | DYNGAROL |
| LLYWODRAETH | |

# 100 - Misurazioni

```
L R X K X R M N V B B F V E Y M
H K T N E J U W F A T J R E V T
B Y N T L Q Q B D M M H H H Q M
P A D D E F D O M A R G O B S E
M W W O N Q Y K B A R U O S A S
O C Y M V U G Z R E D N F Y D U
W Y X S À M O U P E I R X E U R
N F U M A R G O L I C T P Y N Y
S R K Q G U C I L J U I J C U D
E O K B U F M T E O R L I R M D
O L H N B R K E N D E G O L G Q
Q V T X M H P C N Y D M F T R A
C A N O L F A N U D H Z W E A J
W W I W G H Z T T Z C R G T D H
L L E D G P N W E Q U Z O F D O
W I P I V U C J Z B I M K H Q W
```

UCHDER
BEIT
CANOLFAN
CILOGRAM
DEGOL
GRADD
GRAM
LLED
LITR
HYD

MÀS
MESURYDD
MUNUD
OWNS
PWYSAU
PEINT
MODFEDD
DYFNDER
TUNNELL
CYFROL

## 1 - Scacchi

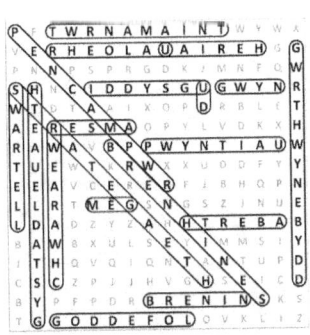

## 2 - Salute e Benessere #2

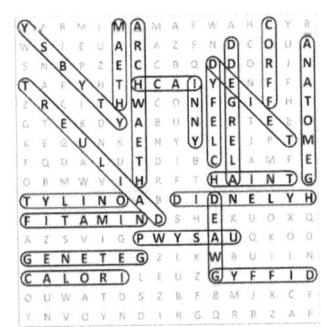

## 3 - Aggettivi #2

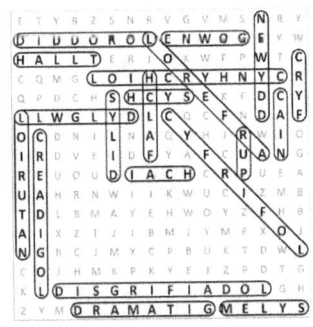

## 4 - Pesca

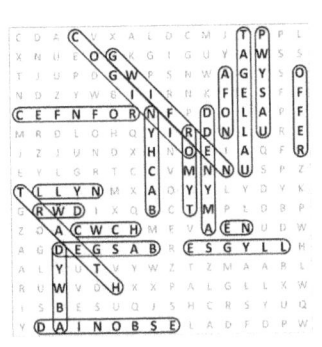

## 5 - Ingegneria

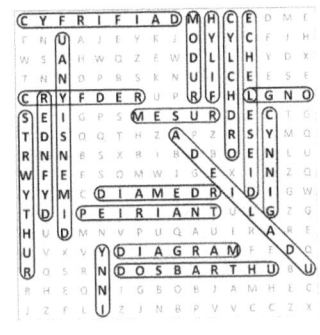

## 6 - Archeologia

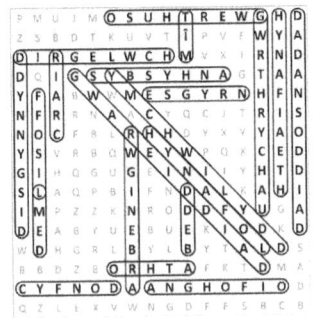

## 7 - Salute e Benessere #1

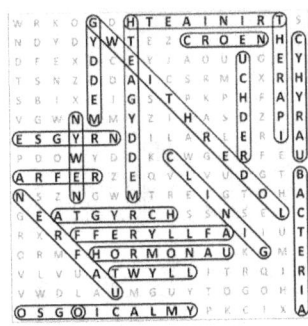

## 8 - Aggettivi #1

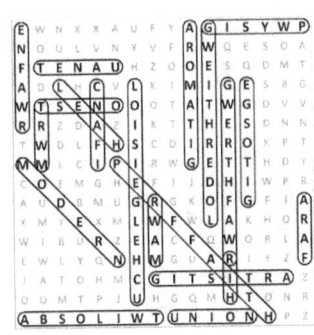

## 9 - Geologia

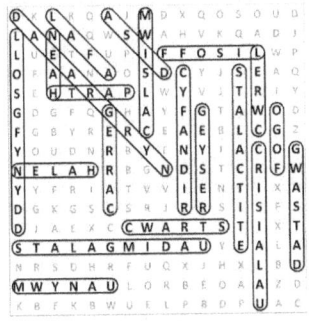

## 10 - Campeggio

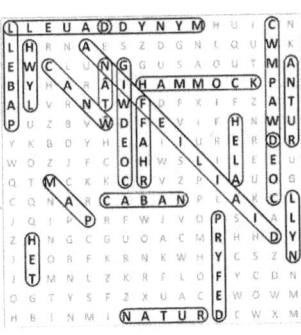

## 11 - Tempo

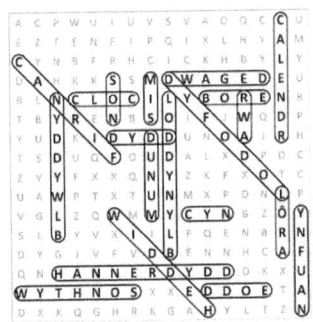

## 12 - Astronomia

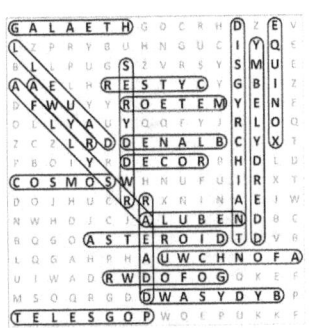

## 13 - Algebra

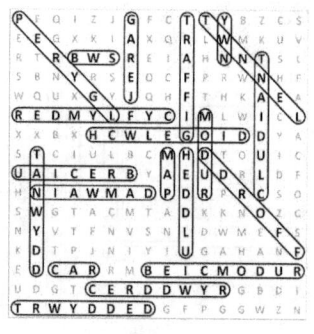

## 14 - Mitologia

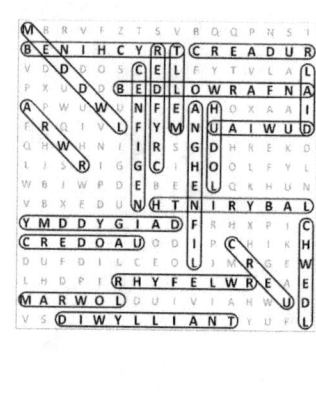

## 15 - Piante

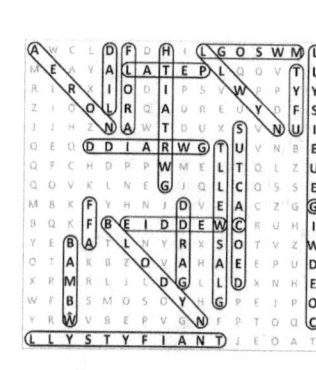

## 16 - Spezie

## 17 - Cioccolato

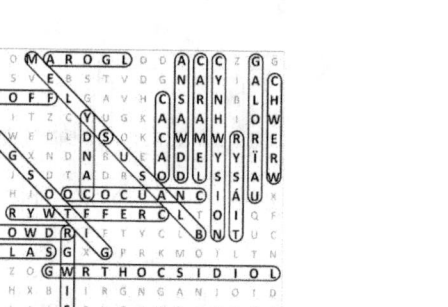

## 18 - Immigrazione

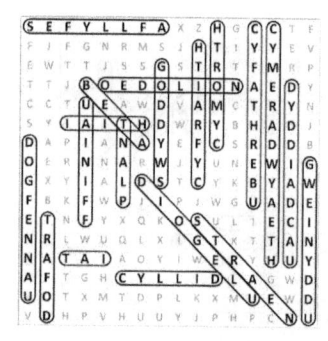

## 19 - Guida

## 20 - I Media

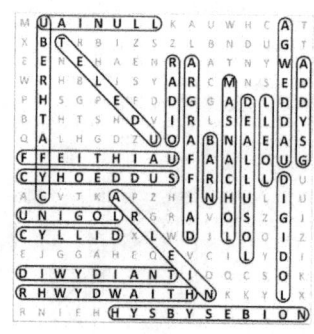

## 21 - Forza e Gravità

## 22 - Sport

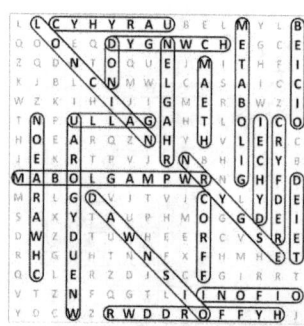

## 23 - Caffè

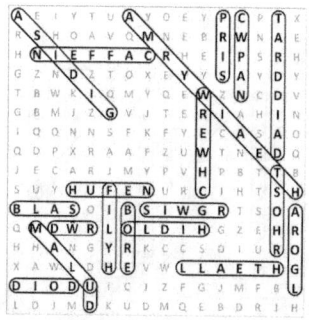

## 24 - Uccelli

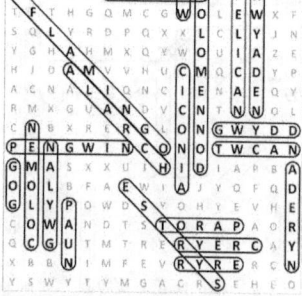

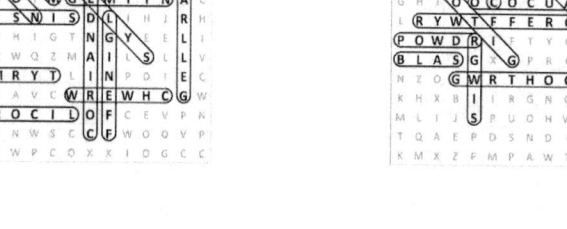
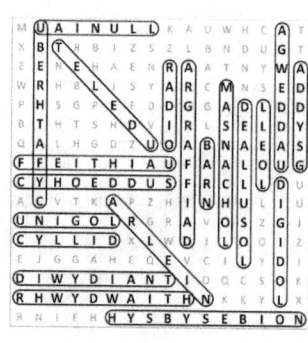
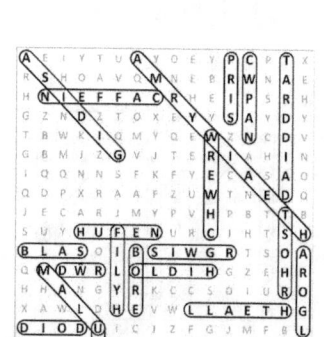

## 25 - Giorni e Mesi

## 26 - Casa

## 27 - Fantascienza

## 28 - Città

## 29 - Fattoria #1

## 30 - Psicologia

## 31 - Paesaggi

## 32 - Energia

## 33 - Moda

## 34 - L'Azienda

## 35 - Giardino

## 36 - Riscaldamento Gl

## 37 - Frutta

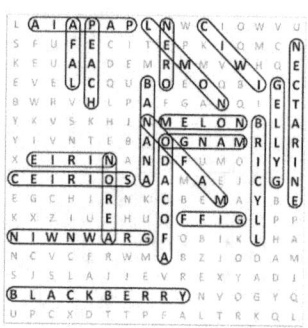

## 38 - Fattoria #2

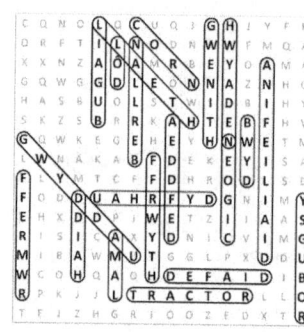

## 39 - Verdure

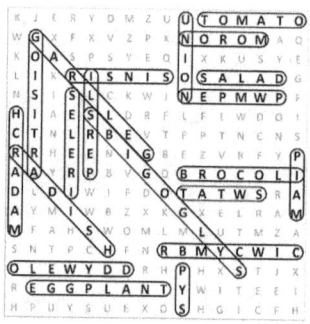

## 40 - Musica

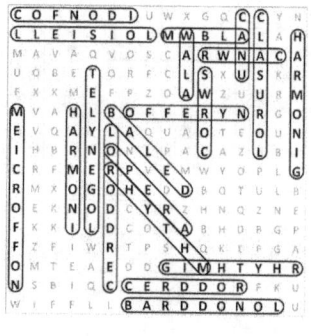

## 41 - Barbecue

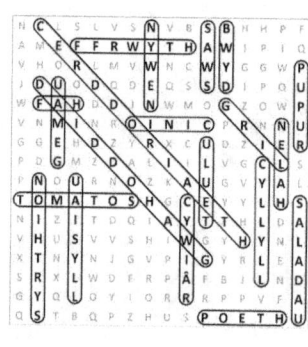

## 42 - Fisica

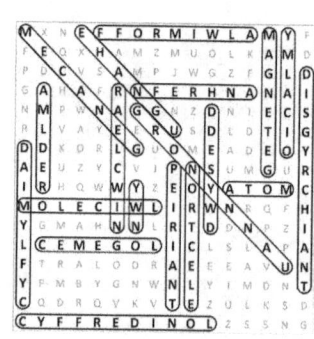

## 43 - Agronomia

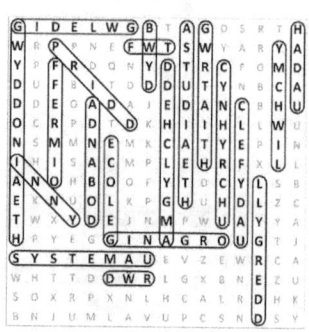

## 44 - Erboristeria

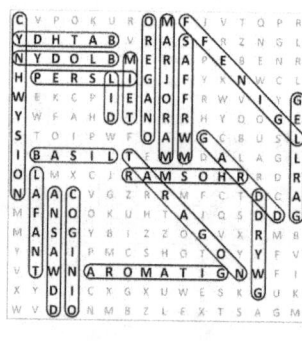

## 45 - Danza

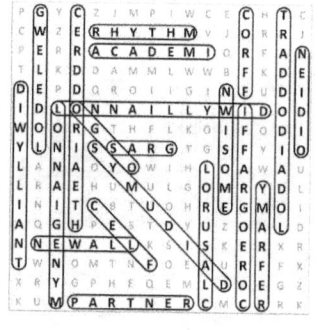

## 46 - Biologia

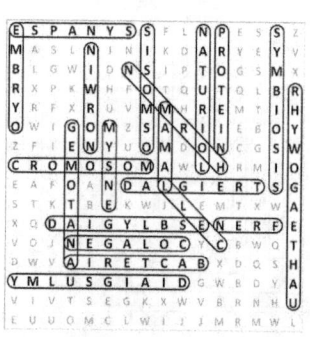

## 47 - Attività Commerciale

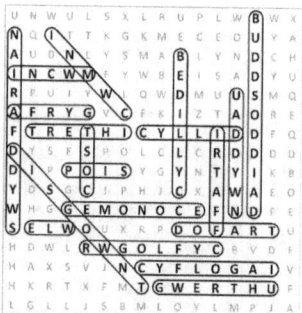

## 48 - Filantropia

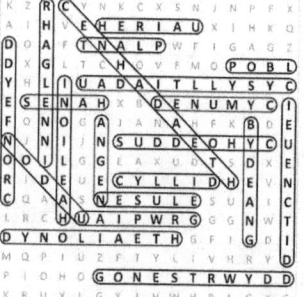

## 49 - Ecologia

## 50 - Discipline Scientifiche

## 51 - Scienza

## 52 - Imbarcazioni

## 53 - Chimica

## 54 - Api

## 55 - Conservazione

## 56 - Professioni #2

## 57 - Letteratura

## 58 - Cibo #2

## 59 - Nutrizione

## 60 - Matematica

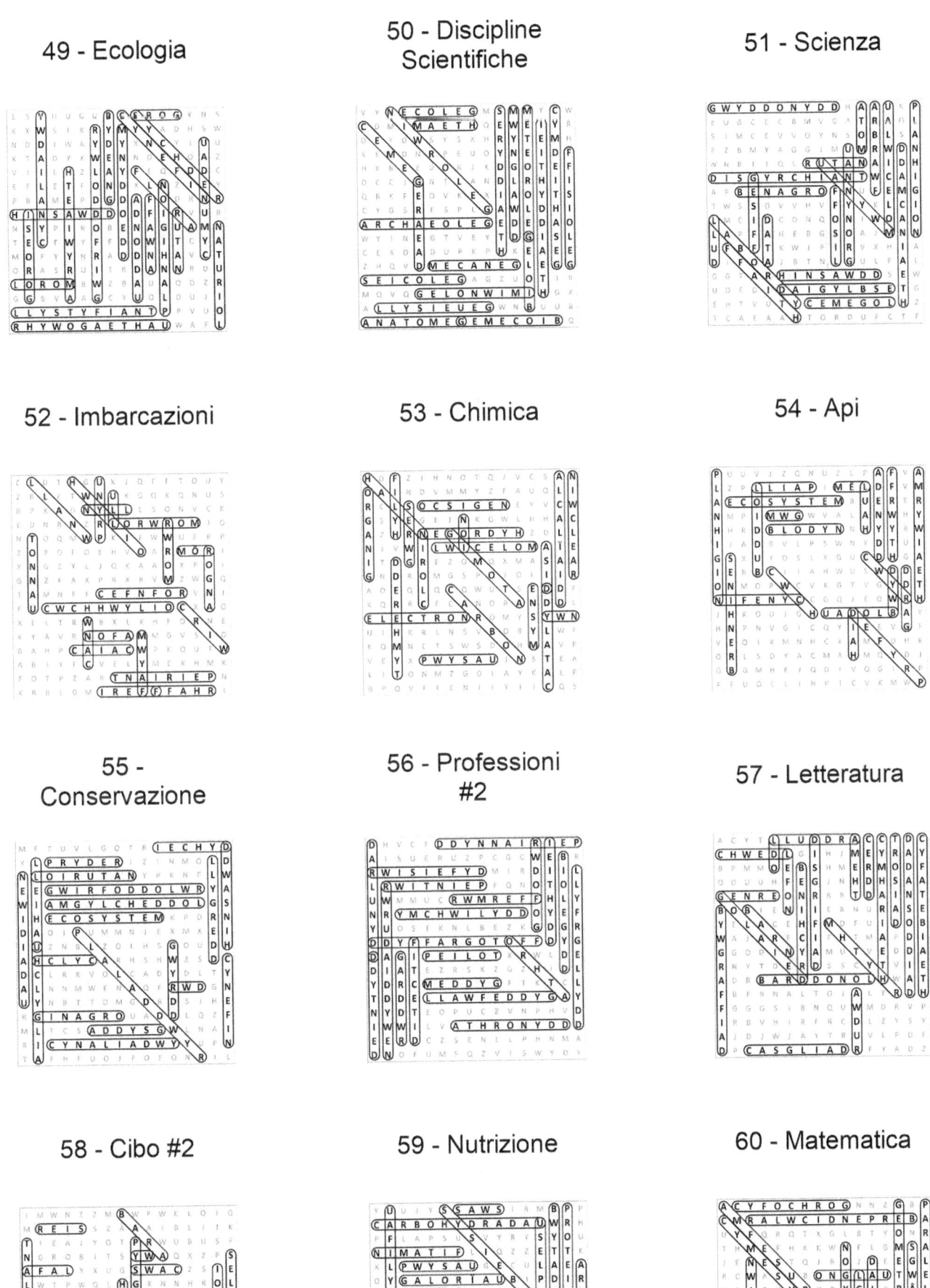

## 61 - Meditazione

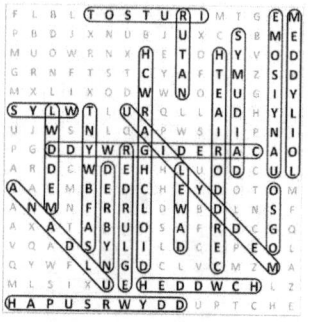

## 62 - Elettricità

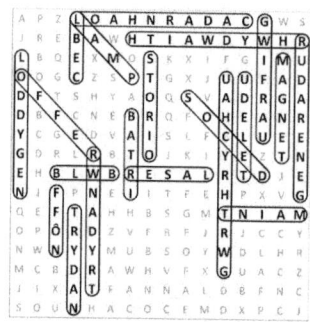

## 63 - Antiquariato

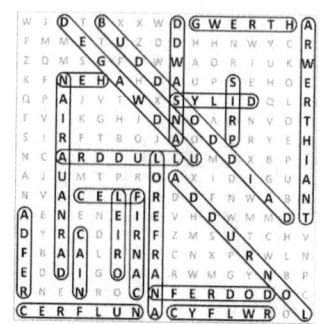

## 64 - Escursionismo

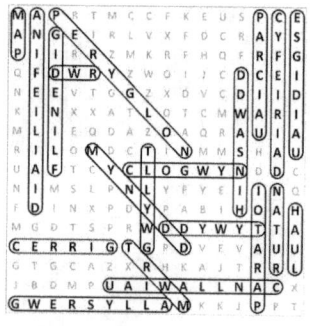

## 65 - Professioni #1

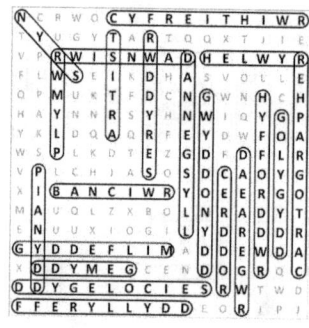

## 66 - Antartide

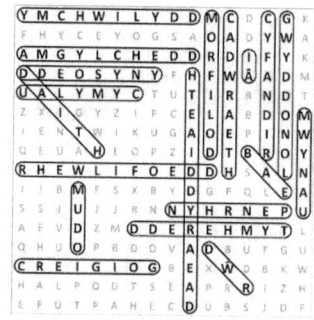

## 67 - Libri

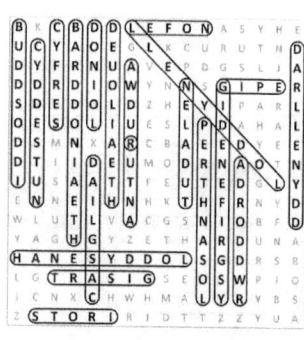

## 68 - Geografia

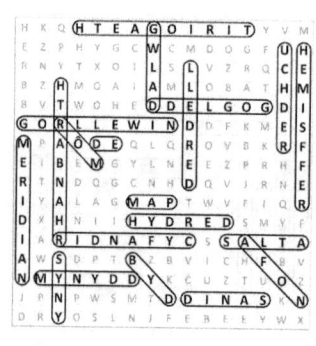

## 69 - Cibo #1

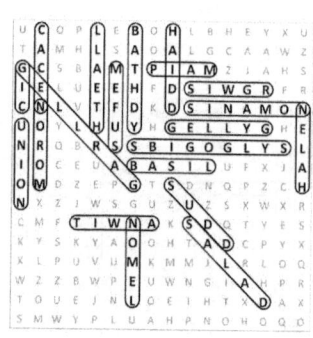

## 70 - Aeroplani

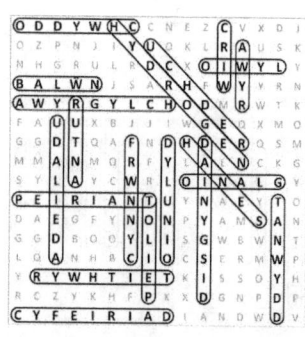

## 71 - Governo

## 72 - Bellezza

## 73 - Avventura

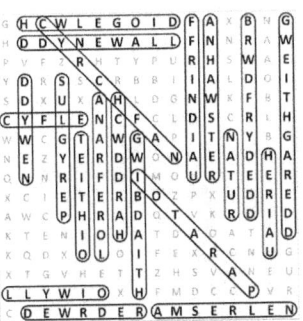

## 74 - Oceano

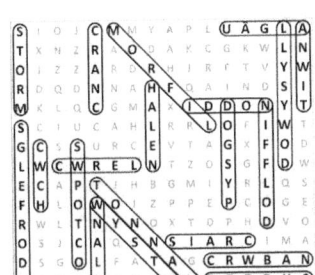

## 75 - Famiglia

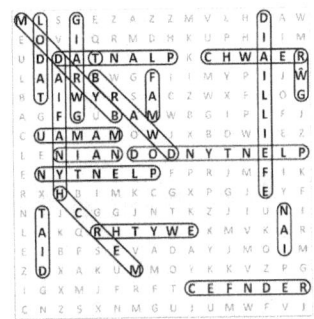

## 76 - Creatività

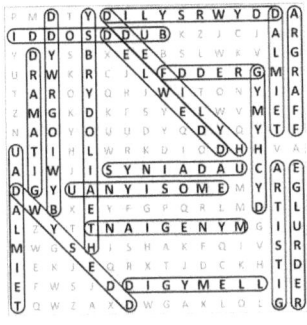

## 77 - Veicoli

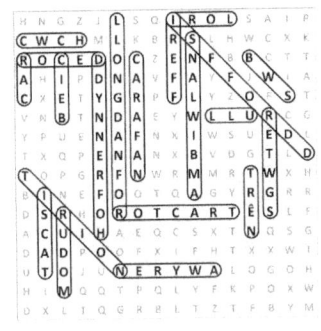

## 78 - Emozioni

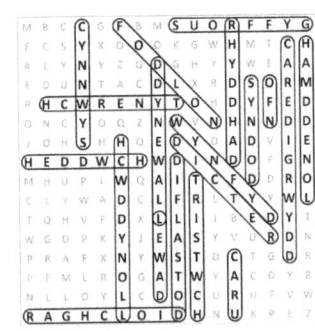

## 79 - Balletto

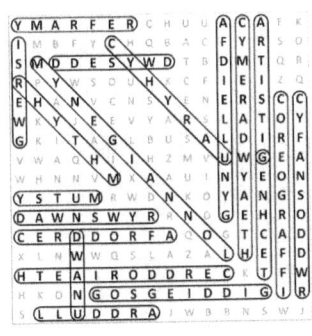

## 80 - Paesi #1

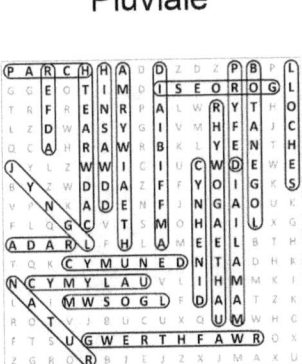

## 81 - Geometria

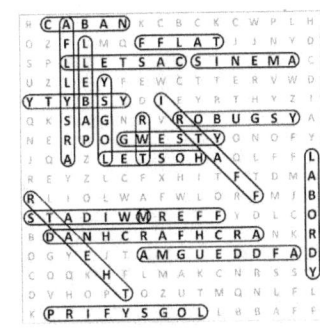

## 82 - Foresta Pluviale

## 83 - Edifici

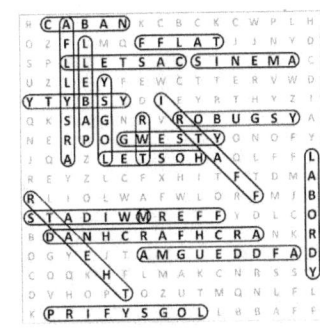

## 84 - Malattia

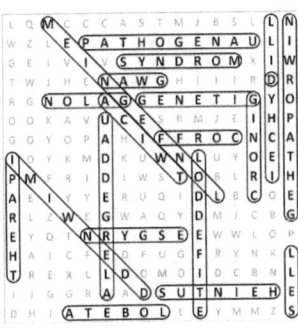

## 85 - Paesi #2

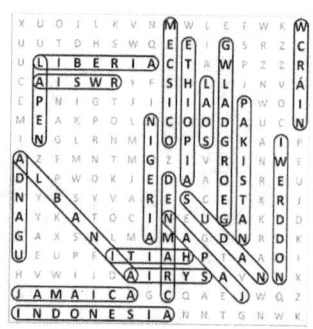

## 86 - Tipi di Capelli

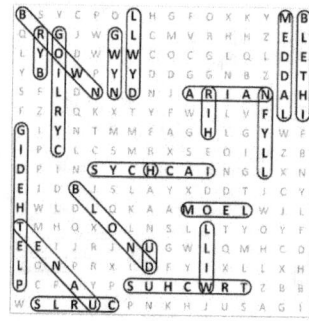

## 87 - Vestiti

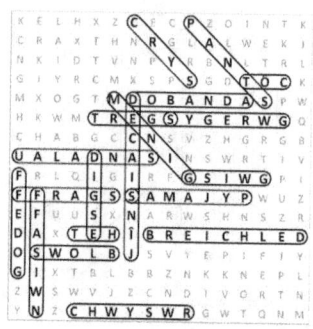

## 88 - Arte

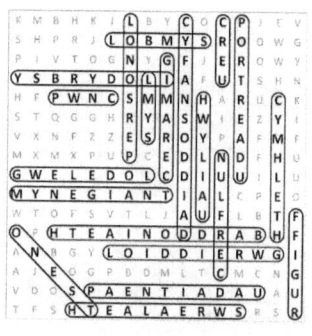

## 89 - Meteo

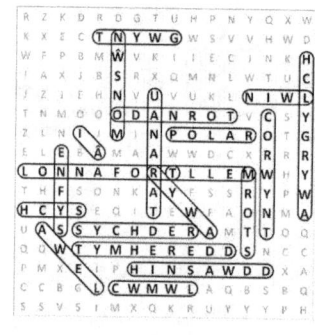

## 90 - Corpo Umano

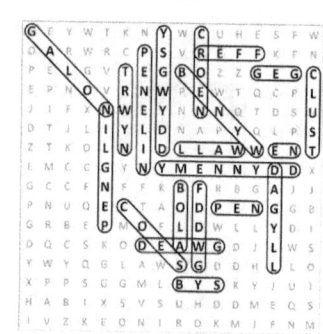

## 91 - Mammiferi

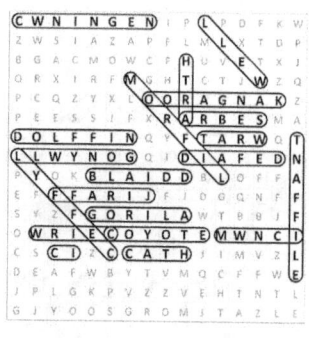

## 92 - Arrampicata

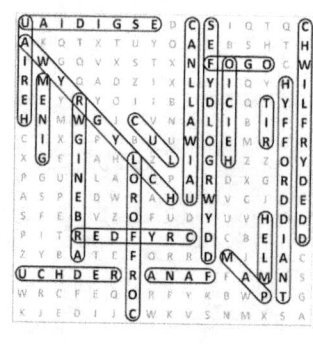

## 93 - Cucina

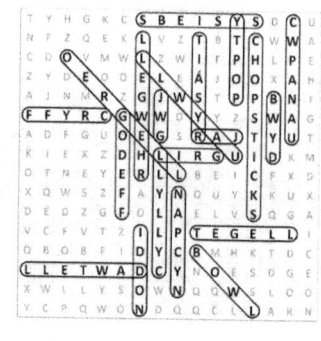

## 94 - Giardinaggio

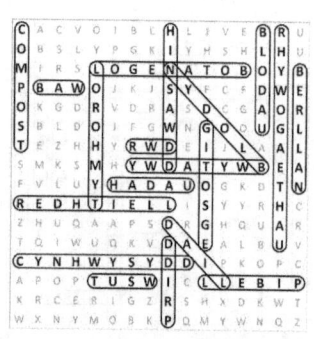

## 95 - Universo

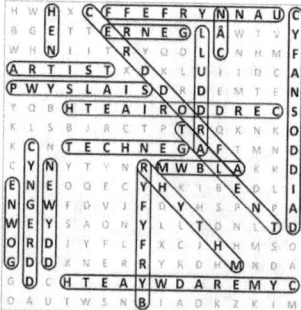

## 96 - Jazz

## 97 - Vacanze #2

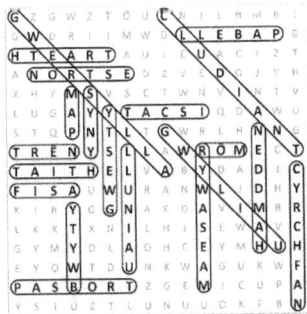

## 98 - Attività

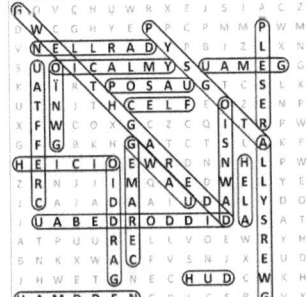

## 99 - Diplomazia

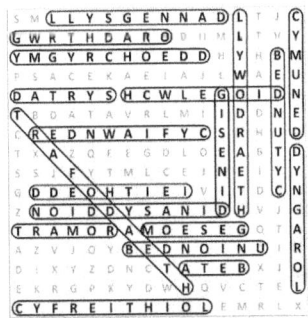

## 100 - Misurazioni

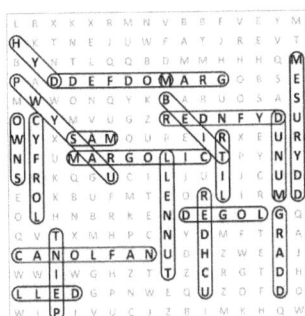

# Dizionario

## Aeroplani
### Awyrennau

| | |
|---|---|
| **Altezza** | Uchder |
| **Atmosfera** | Awyrgylch |
| **Atterraggio** | Glanio |
| **Avventura** | Antur |
| **Carburante** | Tanwydd |
| **Cielo** | Awyr |
| **Costruzione** | Adeiladu |
| **Design** | Dylunio |
| **Direzione** | Cyfeiriad |
| **Discesa** | Disgyniad |
| **Equipaggio** | Criw |
| **Gonfiare** | Chwyddo |
| **Idrogeno** | Hydrogen |
| **Motore** | Peiriant |
| **Navigare** | Lywio |
| **Palloncino** | Balŵn |
| **Passeggero** | Teithwyr |
| **Pilota** | Peilot |
| **Storia** | Hanes |
| **Turbolenza** | Cynnwrf |

## Aggettivi #1
### Ansoddeiriau # 1

| | |
|---|---|
| **Ambizioso** | Uchelgeisiol |
| **Aromatico** | Aromatig |
| **Artistico** | Artistig |
| **Assoluto** | Absoliwt |
| **Attivo** | Gweithredol |
| **Enorme** | Enfawr |
| **Esotico** | Egsotig |
| **Generoso** | Hael |
| **Giovane** | Ifanc |
| **Grande** | Mawr |
| **Identico** | Union |
| **Importante** | Pwysig |
| **Lento** | Araf |
| **Lungo** | Hir |
| **Moderno** | Modern |
| **Onesto** | Onest |
| **Perfetto** | Perffaith |
| **Pesante** | Trwm |
| **Prezioso** | Gwerthfawr |
| **Sottile** | Tenau |

## Aggettivi #2
### Ansoddeiriau # 2

| | |
|---|---|
| **Affamato** | Llwglyd |
| **Asciutto** | Sych |
| **Autentico** | Dilys |
| **Creativo** | Creadigol |
| **Descrittivo** | Disgrifiadol |
| **Dolce** | Melys |
| **Drammatico** | Dramatig |
| **Elegante** | Cain |
| **Famoso** | Enwog |
| **Forte** | Cryf |
| **Interessante** | Diddorol |
| **Naturale** | Naturiol |
| **Normale** | Arferol |
| **Nuovo** | Newydd |
| **Orgoglioso** | Falch |
| **Produttivo** | Cynhyrchiol |
| **Puro** | Pur |
| **Responsabile** | Cyfrifol |
| **Salato** | Hallt |
| **Sano** | Iach |

## Agronomia
### Agronomeg

| | |
|---|---|
| **Acqua** | Dŵr |
| **Agricoltura** | Ffermio |
| **Ambiente** | Amgylchedd |
| **Cibo** | Bwyd |
| **Crescita** | Twf |
| **Ecologia** | Ecoleg |
| **Energia** | Ynni |
| **Fertilizzante** | Gwrtaith |
| **Identificazione** | Adnabod |
| **Inquinamento** | Llygredd |
| **Malattie** | Clefydau |
| **Organico** | Organig |
| **Produzione** | Cynhyrchu |
| **Ricerca** | Ymchwil |
| **Rurale** | Gwledig |
| **Scienza** | Gwyddoniaeth |
| **Semi** | Hadau |
| **Sistemi** | Systemau |
| **Studio** | Astudiaeth |
| **Suolo** | Pridd |

## Algebra
### Algebra

| | |
|---|---|
| **Diagramma** | Diagram |
| **Equazione** | Hafaliad |
| **Falso** | Ffug |
| **Fattore** | Ffactor |
| **Formula** | Fformiwla |
| **Frazione** | Ffracsiwn |
| **Grafico** | Graff |
| **Infinito** | Anfeidrol |
| **Lineare** | Llinol |
| **Matrice** | Matrics |
| **Numero** | Rhif |
| **Parentesi** | Parenthesis |
| **Problema** | Broblem |
| **Quantità** | Maint |
| **Semplificare** | Symleiddio |
| **Soluzione** | Ateb |
| **Somma** | Swm |
| **Sottrazione** | Tynnu |
| **Variabile** | Newidyn |
| **Zero** | Sero |

## Antartide
### Antarctica

| | |
|---|---|
| **Acqua** | Dŵr |
| **Ambiente** | Amgylchedd |
| **Baia** | Bae |
| **Balene** | Morfilod |
| **Conservazione** | Cadwraeth |
| **Continente** | Cyfandir |
| **Geografia** | Daearyddiaeth |
| **Ghiacciai** | Rhewlifoedd |
| **Ghiaccio** | Iâ |
| **Isole** | Ynysoedd |
| **Migrazione** | Mudo |
| **Minerali** | Mwynau |
| **Nuvole** | Cymylau |
| **Penisola** | Penrhyn |
| **Ricercatore** | Ymchwilydd |
| **Roccioso** | Creigiog |
| **Scientifico** | Gwyddonol |
| **Spedizione** | Daith |
| **Temperatura** | Tymheredd |
| **Topografia** | Topograffeg |

## Antiquariato
### Hynafiaethau

| | |
|---|---|
| **Arte** | Celf |
| **Asta** | Arwerthiant |
| **Autentico** | Dilys |
| **Condizione** | Cyflwr |
| **Decenni** | Degawdau |
| **Decorativo** | Addurnol |
| **Elegante** | Cain |
| **Galleria** | Oriel |
| **Insolito** | Anarferol |
| **Investimento** | Buddsoddiad |
| **Mobilio** | Dodrefn |
| **Monete** | Darnau Arian |
| **Prezzo** | Pris |
| **Qualità** | Ansawdd |
| **Restauro** | Adfer |
| **Scultura** | Cerflun |
| **Secolo** | Canrif |
| **Stile** | Arddull |
| **Valore** | Gwerth |
| **Vecchio** | Hen |

## Api
### Gwenyn

| | |
|---|---|
| **Ali** | Adenydd |
| **Alveare** | Cwch |
| **Benefico** | Buddiol |
| **Cera** | Cwyr |
| **Cibo** | Bwyd |
| **Diversità** | Amrywiaeth |
| **Ecosistema** | Ecosystem |
| **Fiori** | Blodau |
| **Fiorire** | Blodyn |
| **Frutta** | Ffrwyth |
| **Fumo** | Mwg |
| **Giardino** | Gardd |
| **Habitat** | Cynefin |
| **Insetto** | Pryfed |
| **Miele** | Mêl |
| **Piante** | Planhigion |
| **Polline** | Paill |
| **Regina** | Brenhines |
| **Sciame** | Haid |
| **Sole** | Haul |

## Archeologia
### Archeoleg

| | |
|---|---|
| **Analisi** | Dadansoddiad |
| **Antichità** | Hynafiaeth |
| **Antico** | Hynafol |
| **Civiltà** | Gwareiddiad |
| **Dimenticato** | Anghofio |
| **Discendente** | Disgynnydd |
| **Era** | Cyfnod |
| **Esperto** | Arbenigwr |
| **Fossile** | Ffosil |
| **Mistero** | Dirgelwch |
| **Oggetti** | Gwrthrychau |
| **Ossa** | Esgyrn |
| **Professore** | Athro |
| **Reliquia** | Crair |
| **Ricercatore** | Ymchwilydd |
| **Sconosciuto** | Anhysbys |
| **Squadra** | Tîm |
| **Tempio** | Deml |
| **Tomba** | Bedd |
| **Valutazione** | Gwerthuso |

## Arrampicata
### Dringo

| | |
|---|---|
| **Altitudine** | Uchder |
| **Atmosfera** | Awyrgylch |
| **Casco** | Helm |
| **Curiosità** | Chwilfrydedd |
| **Escursioni** | Heicio |
| **Esperto** | Arbenigwr |
| **Fisico** | Corfforol |
| **Formazione** | Hyfforddiant |
| **Forza** | Cryfder |
| **Grotta** | Ogof |
| **Guanti** | Menig |
| **Guide** | Canllawiau |
| **Lesione** | Anaf |
| **Mappa** | Map |
| **Sfide** | Heriau |
| **Stabilità** | Sefydlogrwydd |
| **Stivali** | Esgidiau |
| **Stretto** | Cul |
| **Terreno** | Tir |

## Arte
### Celf

| | |
|---|---|
| **Ceramica** | Ceramig |
| **Complesso** | Cymhleth |
| **Composizione** | Cyfansoddiad |
| **Creare** | Creu |
| **Dipinti** | Paentiadau |
| **Espressione** | Mynegiant |
| **Figura** | Ffigur |
| **Ispirato** | Ysbrydoli |
| **Onesto** | Onest |
| **Originale** | Gwreiddiol |
| **Personale** | Personol |
| **Poesia** | Barddoniaeth |
| **Ritrarre** | Portreadu |
| **Scultura** | Cerflun |
| **Semplice** | Syml |
| **Simbolo** | Symbol |
| **Soggetto** | Pwnc |
| **Surrealismo** | Swrealaeth |
| **Umore** | Hwyliau |
| **Visivo** | Gweledol |

## Astronomia
### Seryddiaeth

| | |
|---|---|
| **Asteroide** | Asteroid |
| **Astronauta** | Gofodwr |
| **Astronomo** | Seryddwr |
| **Cielo** | Awyr |
| **Cosmo** | Cosmos |
| **Costellazione** | Cytser |
| **Equinozio** | Equinox |
| **Galassia** | Galaeth |
| **Gravità** | Disgyrchiant |
| **Luna** | Lleuad |
| **Meteora** | Meteor |
| **Nebulosa** | Nebula |
| **Osservatorio** | Arsyllfa |
| **Pianeta** | Blaned |
| **Radiazione** | Ymbelydredd |
| **Razzo** | Roced |
| **Supernova** | Uwchnofa |
| **Telescopio** | Telesgop |
| **Terra** | Ddaear |
| **Universo** | Bydysawd |

## Attività
### Gweithgareddau

| | |
|---|---|
| **Arte** | Celf |
| **Artigianato** | Crefftau |
| **Attività** | Gweithgaredd |
| **Caccia** | Hela |
| **Campeggio** | Gwersylla |
| **Ceramica** | Cerameg |
| **Cucire** | Gwnïo |
| **Danza** | Dawnsio |
| **Escursioni** | Heicio |
| **Giardinaggio** | Garddio |
| **Giochi** | Gemau |
| **Interessi** | Diddordebau |
| **Lettura** | Darllen |
| **Magia** | Hud |
| **Maglieria** | Gwau |
| **Pesca** | Pysgota |
| **Piacere** | Pleser |
| **Puzzle** | Posau |
| **Rilassamento** | Ymlacio |
| **Tempo Libero** | Hamdden |

## Attività Commerciale
### Busnes

| | |
|---|---|
| **Bilancio** | Cyllideb |
| **Carriera** | Gyrfa |
| **Costo** | Cost |
| **Datore di Lavoro** | Cyflogwr |
| **Dipendente** | Cyflogai |
| **Economia** | Economeg |
| **Fabbrica** | Ffatri |
| **Finanza** | Cyllid |
| **Investimento** | Buddsoddiad |
| **Merce** | Nwyddau |
| **Negozio** | Siop |
| **Profitto** | Elw |
| **Reddito** | Incwm |
| **Sconto** | Disgownt |
| **Società** | Cwmni |
| **Soldi** | Arian |
| **Tasse** | Trethi |
| **Transazione** | Trafod |
| **Ufficio** | Swyddfa |
| **Vendita** | Gwerthu |

## Avventura
### Antur

| | |
|---|---|
| **Amici** | Ffrindiau |
| **Attività** | Gweithgaredd |
| **Bellezza** | Harddwch |
| **Coraggio** | Dewrder |
| **Destinazione** | Cyrchfan |
| **Difficoltà** | Anhawster |
| **Entusiasmo** | Brwdfrydedd |
| **Escursione** | Gwibdaith |
| **Gioia** | Llawenydd |
| **Insolito** | Anarferol |
| **Itinerario** | Amserlen |
| **Natura** | Natur |
| **Navigazione** | Llywio |
| **Nuovo** | Newydd |
| **Opportunità** | Cyfle |
| **Pericoloso** | Peryglus |
| **Preparazione** | Paratoi |
| **Sfide** | Heriau |
| **Sicurezza** | Diogelwch |
| **Viaggi** | Teithio |

## Balletto
### Bale

| | |
|---|---|
| **Applauso** | Cymeradwyaeth |
| **Artistico** | Artistig |
| **Assolo** | Unawd |
| **Ballerini** | Dawnswyr |
| **Compositore** | Cyfansoddwr |
| **Coreografia** | Coreograffi |
| **Espressivo** | Mynegiannol |
| **Gesto** | Ystum |
| **Grazioso** | Gosgeiddig |
| **Intensità** | Dwysedd |
| **Lezioni** | Gwersi |
| **Muscoli** | Cyhyrau |
| **Musica** | Cerddoriaeth |
| **Orchestra** | Cerddorfa |
| **Pratica** | Ymarfer |
| **Pubblico** | Gynulleidfa |
| **Ritmo** | Rhythm |
| **Stile** | Arddull |
| **Tecnica** | Techneg |

## Barbecue
### Barbeciws

| | |
|---|---|
| **Caldo** | Poeth |
| **Cena** | Cinio |
| **Cibo** | Bwyd |
| **Cipolle** | Syrthion |
| **Coltelli** | Cyllyll |
| **Estate** | Haf |
| **Fame** | Newyn |
| **Famiglia** | Teulu |
| **Frutta** | Ffrwyth |
| **Giochi** | Gemau |
| **Griglia** | Gril |
| **Insalate** | Saladau |
| **Invito** | Gwahoddiad |
| **Musica** | Cerddoriaeth |
| **Pepe** | Pupur |
| **Pollo** | Cyw Iâr |
| **Pomodori** | Tomatos |
| **Sale** | Halen |
| **Salsa** | Saws |
| **Verdure** | Llysiau |

## Bellezza
### Harddwch

| | |
|---|---|
| **Colore** | Lliw |
| **Cosmetici** | Colur |
| **Elegante** | Cain |
| **Eleganza** | Ceinder |
| **Fascino** | Swyn |
| **Forbici** | Siswrn |
| **Fotogenico** | Ffotogenig |
| **Fragranza** | Fragrance |
| **Grazia** | Gras |
| **Mascara** | Mascara |
| **Oli** | Olewau |
| **Pelle** | Croen |
| **Prodotti** | Cynhyrchion |
| **Profumo** | Arogl |
| **Riccioli** | Curls |
| **Rossetto** | Minlliw |
| **Servizi** | Gwasanaethau |
| **Shampoo** | Siamp |
| **Specchio** | Drych |
| **Stilista** | Steilydd |

## Biologia
### Bioleg

| | |
|---|---|
| **Anatomia** | Anatomeg |
| **Batteri** | Bacteria |
| **Cellula** | Cell |
| **Collagene** | Colagen |
| **Cromosoma** | Cromosom |
| **Embrione** | Embryo |
| **Enzima** | Ensym |
| **Evoluzione** | Esblygiad |
| **Mammifero** | Mamal |
| **Mutazione** | Treiglad |
| **Naturale** | Naturiol |
| **Nervo** | Nerf |
| **Neurone** | Niwron |
| **Ormone** | Hormon |
| **Osmosi** | Osmosis |
| **Proteina** | Protein |
| **Rettile** | Ymlusgiaid |
| **Simbiosi** | Symbiosis |
| **Sinapsi** | Synapse |
| **Specie** | Rhywogaethau |

## Caffè
### Coffi

| | |
|---|---|
| **Acido** | Asidig |
| **Acqua** | Dŵr |
| **Amaro** | Chwerw |
| **Aroma** | Arogl |
| **Arrostito** | Rhost |
| **Bevanda** | Diod |
| **Caffeina** | Caffein |
| **Crema** | Hufen |
| **Filtro** | Hidlo |
| **Gusto** | Blas |
| **Latte** | Llaeth |
| **Liquido** | Hylif |
| **Macinare** | Malu |
| **Mattina** | Bore |
| **Nero** | Du |
| **Origine** | Tarddiad |
| **Prezzo** | Pris |
| **Tazza** | Cwpan |
| **Varietà** | Amrywiaeth |
| **Zucchero** | Siwgr |

## Campeggio
### Gwersylla

| | |
|---|---|
| **Alberi** | Coed |
| **Amaca** | Hammock |
| **Animali** | Anifeiliaid |
| **Avventura** | Antur |
| **Bussola** | Cwmpawd |
| **Cabina** | Caban |
| **Caccia** | Hela |
| **Canoa** | Canŵ |
| **Cappello** | Het |
| **Corda** | Rhaff |
| **Divertimento** | Hwyl |
| **Foresta** | Coedwig |
| **Fuoco** | Tân |
| **Insetto** | Pryfed |
| **Lago** | Llyn |
| **Luna** | Lleuad |
| **Mappa** | Map |
| **Montagna** | Mynydd |
| **Natura** | Natur |
| **Tenda** | Pabell |

## Casa
### Tŷ

| | |
|---|---|
| **Attico** | Atig |
| **Biblioteca** | Llyfrgell |
| **Camera** | Ystafell |
| **Camino** | Lle Tân |
| **Cucina** | Cegin |
| **Doccia** | Cawod |
| **Finestra** | Ffenestr |
| **Garage** | Garej |
| **Giardino** | Gardd |
| **Lampada** | Lamp |
| **Parete** | Wal |
| **Pavimento** | Llawr |
| **Porta** | Drws |
| **Recinto** | Ffens |
| **Rubinetto** | Faucet |
| **Scopa** | Banadl |
| **Soffitto** | Nenfwd |
| **Specchio** | Drych |
| **Tappeto** | Rug |
| **Tetto** | To |

## Chimica
### Cemeg

| | |
|---|---|
| **Acido** | Asid |
| **Alcalino** | Alcalïaidd |
| **Atomico** | Atomig |
| **Calore** | Gwres |
| **Carbonio** | Carbon |
| **Catalizzatore** | Catalydd |
| **Cloro** | Clorin |
| **Elettrone** | Electron |
| **Enzima** | Ensym |
| **Gas** | Nwy |
| **Idrogeno** | Hydrogen |
| **Ione** | Ion |
| **Liquido** | Hylif |
| **Molecola** | Moleciwl |
| **Nucleare** | Niwclear |
| **Organico** | Organig |
| **Ossigeno** | Ocsigen |
| **Peso** | Pwysau |
| **Sale** | Halen |
| **Temperatura** | Tymheredd |

## Cibo #1
### Bwyd # 1

| | |
|---|---|
| **Aglio** | Garlleg |
| **Basilico** | Basil |
| **Cannella** | Sinamon |
| **Carne** | Cig |
| **Carota** | Moron |
| **Cipolla** | Union |
| **Fragola** | Mefus |
| **Insalata** | Salad |
| **Latte** | Llaeth |
| **Limone** | Lemon |
| **Menta** | Bathdy |
| **Orzo** | Haidd |
| **Pera** | Gellyg |
| **Rapa** | Maip |
| **Sale** | Halen |
| **Spinaci** | Sbigoglys |
| **Succo** | Sudd |
| **Tonno** | Tiwna |
| **Torta** | Cacen |
| **Zucchero** | Siwgr |

## Cibo #2
### Bwyd # 2

| | |
|---|---|
| **Banana** | Banana |
| **Broccolo** | Brocoli |
| **Ciliegia** | Ceirios |
| **Cioccolato** | Siocled |
| **Formaggio** | Caws |
| **Fungo** | Madarch |
| **Grano** | Gwenith |
| **Kiwi** | Ciwi |
| **Mela** | Afal |
| **Melanzana** | Eggplant |
| **Pane** | Bara |
| **Pesce** | Pysgod |
| **Pollo** | Cyw lâr |
| **Pomodoro** | Tomato |
| **Prosciutto** | Ham |
| **Riso** | Reis |
| **Sedano** | Seleri |
| **Uovo** | Wy |
| **Uva** | Grawnwin |
| **Yogurt** | Iogwrt |

## Cioccolato
### Siocled

| | |
|---|---|
| **Amaro** | Chwerw |
| **Antiossidante** | Gwrthocsidiol |
| **Aroma** | Arogl |
| **Artigianale** | Crefftwyr |
| **Cacao** | Cacao |
| **Calorie** | Galorïau |
| **Caramella** | Candy |
| **Caramello** | Caramel |
| **Delizioso** | Blasus |
| **Dolce** | Melys |
| **Esotico** | Egsotig |
| **Gusto** | Blas |
| **Ingrediente** | Cynhwysion |
| **Noce di Cocco** | Cnau Coco |
| **Polvere** | Powdr |
| **Preferito** | Hoff |
| **Qualità** | Ansawdd |
| **Ricetta** | Rysáit |
| **Zucchero** | Siwgr |

## Città
### Y Dref

| | |
|---|---|
| **Aeroporto** | Maes Awyr |
| **Banca** | Banc |
| **Biblioteca** | Llyfrgell |
| **Cinema** | Sinema |
| **Clinica** | Clinig |
| **Farmacia** | Fferyllfa |
| **Fiorista** | Siop Flodau |
| **Galleria** | Oriel |
| **Hotel** | Gwesty |
| **Libreria** | Siop Lyfrau |
| **Mercato** | Farchnad |
| **Museo** | Amgueddfa |
| **Negozio** | Siop |
| **Panetteria** | Becws |
| **Scuola** | Ysgol |
| **Stadio** | Stadiwm |
| **Supermercato** | Archfarchnad |
| **Teatro** | Theatr |
| **Università** | Prifysgol |
| **Zoo** | Sw |

## Conservazione
### Cadwraeth

| | |
|---|---|
| **Acqua** | Dŵr |
| **Ambientale** | Amgylcheddol |
| **Cambiamenti** | Newidiadau |
| **Ciclo** | Cylch |
| **Clima** | Hinsawdd |
| **Ecosistema** | Ecosystem |
| **Educazione** | Addysg |
| **Habitat** | Cynefin |
| **Inquinamento** | Llygredd |
| **Naturale** | Naturiol |
| **Organico** | Organig |
| **Pesticida** | Plaladdwyr |
| **Preoccupazione** | Pryder |
| **Riciclare** | Ailgylchu |
| **Ridurre** | Lleihau |
| **Salute** | Iechyd |
| **Sostenibile** | Cynaliadwy |
| **Verde** | Gwyrdd |
| **Volontario** | Gwirfoddolwr |

## Corpo Umano
### Corff Dynol

| | |
|---|---|
| **Bocca** | Geg |
| **Caviglia** | Ffêr |
| **Cervello** | Ymennydd |
| **Collo** | Gwddf |
| **Cuore** | Galon |
| **Dito** | Bys |
| **Faccia** | Wyneb |
| **Gamba** | Coes |
| **Ginocchio** | Pen-Glin |
| **Gomito** | Penelin |
| **Mano** | Llaw |
| **Mento** | Ên |
| **Naso** | Trwyn |
| **Occhio** | Llygad |
| **Orecchio** | Clust |
| **Pelle** | Croen |
| **Sangue** | Gwaed |
| **Spalla** | Ysgwydd |
| **Stomaco** | Bola |
| **Testa** | Pen |

## Creatività
### Creadigrwydd

| | |
|---|---|
| **Artistico** | Artistig |
| **Autenticità** | Dilysrwydd |
| **Chiarezza** | Eglurder |
| **Drammatico** | Dramatig |
| **Emozioni** | Emosiynau |
| **Espressione** | Mynegiant |
| **Fluidità** | Hylifedd |
| **Idee** | Syniadau |
| **Immaginazione** | Dychymyg |
| **Immagine** | Delwedd |
| **Impressione** | Argraff |
| **Intensità** | Dwysedd |
| **Intuizione** | Greddf |
| **Inventivo** | Buddsoddi |
| **Ispirazione** | Ysbrydoliaeth |
| **Sensazione** | Teimlad |
| **Sentimenti** | Teimladau |
| **Spontaneo** | Digymell |
| **Vitalità** | Bywiogrwydd |

## Cucina
### Cegin

| | |
|---|---|
| **Bacchette** | Chopsticks |
| **Bollitore** | Tegell |
| **Brocca** | Jwg |
| **Cibo** | Bwyd |
| **Ciotola** | Bowl |
| **Coltelli** | Cyllyll |
| **Congelatore** | Rhewgell |
| **Cucchiai** | Llwyau |
| **Forchette** | Ffyrc |
| **Forno** | Popty |
| **Frigorifero** | Oergell |
| **Grembiule** | Ffedog |
| **Griglia** | Gril |
| **Mestolo** | Lletwad |
| **Ricetta** | Rysáit |
| **Spezie** | Sbeisys |
| **Spugna** | Noddi |
| **Tazze** | Cwpanau |
| **Tovagliolo** | Napcyn |
| **Vaso** | Jar |

## Danza
### Dawns

| | |
|---|---|
| **Accademia** | Academi |
| **Arte** | Colf |
| **Classico** | Clasurol |
| **Compagno** | Partner |
| **Coreografia** | Coreograffi |
| **Corpo** | Corff |
| **Cultura** | Diwylliant |
| **Culturale** | Diwylliannol |
| **Emozione** | Emosiwn |
| **Espressivo** | Mynegiannol |
| **Gioioso** | Llawen |
| **Grazia** | Gras |
| **Movimento** | Symudiad |
| **Musica** | Cerddoriaeth |
| **Postura** | Osgo |
| **Prova** | Ymarfer |
| **Ritmo** | Rhythm |
| **Salto** | Neidio |
| **Tradizionale** | Traddodiadol |
| **Visivo** | Gweledol |

## Diplomazia
### Diplomyddiaeth

| | |
|---|---|
| **Ambasciatore** | Llysgennad |
| **Campagne** | Ymgyrchoedd |
| **Cittadini** | Dinasyddion |
| **Civico** | Dinesig |
| **Comunità** | Cymuned |
| **Conflitto** | Gwrthdaro |
| **Discussione** | Trafodaeth |
| **Etica** | Moeseg |
| **Giustizia** | Cyfiawnder |
| **Governo** | Llywodraeth |
| **Integrità** | Uniondeb |
| **Legale** | Cyfreithiol |
| **Lingue** | Ieithoedd |
| **Risoluzione** | Datrys |
| **Sicurezza** | Diogelwch |
| **Soluzione** | Ateb |
| **Straniero** | Tramor |
| **Trattato** | Cytundeb |
| **Umanitario** | Dyngarol |

## Discipline Scientifiche
### Ddisgyblaethau Gwyddonol

| | |
|---|---|
| **Anatomia** | Anatomeg |
| **Archeologia** | Archaeoleg |
| **Astronomia** | Seryddiaeth |
| **Biochimica** | Biocemeg |
| **Biologia** | Bioleg |
| **Botanica** | Llysieueg |
| **Chimica** | Cemeg |
| **Ecologia** | Ecoleg |
| **Fisiologia** | Ffisioleg |
| **Geologia** | Daeareg |
| **Immunologia** | Imiwnoleg |
| **Linguistica** | Ieithyddiaeth |
| **Meccanica** | Mecaneg |
| **Meteorologia** | Meteoroleg |
| **Mineralogia** | Mwynglawdd |
| **Neurologia** | Niwroleg |
| **Nutrizione** | Maeth |
| **Psicologia** | Seicoleg |
| **Sociologia** | Cymdeithaseg |
| **Zoologia** | Milofyddiaeth |

## Ecologia
### Ecoleg

| | |
|---|---|
| **Clima** | Hinsawdd |
| **Comunità** | Cymunedau |
| **Diversità** | Amrywiaeth |
| **Fauna** | Ffawna |
| **Flora** | Flora |
| **Globale** | Byd-Eang |
| **Habitat** | Cynefin |
| **Marino** | Morol |
| **Montagne** | Mynyddoedd |
| **Natura** | Natur |
| **Naturale** | Naturiol |
| **Palude** | Gors |
| **Piante** | Planhigion |
| **Risorse** | Adnoddau |
| **Siccità** | Sychder |
| **Sopravvivenza** | Goroesi |
| **Sostenibile** | Cynaliadwy |
| **Specie** | Rhywogaethau |
| **Vegetazione** | Llystyfiant |
| **Volontari** | Gwirfoddolwyr |

## Edifici
### Adeiladau

| | |
|---|---|
| **Appartamento** | Fflat |
| **Cabina** | Caban |
| **Castello** | Castell |
| **Cinema** | Sinema |
| **Fabbrica** | Ffatri |
| **Fattoria** | Fferm |
| **Fienile** | Ysgubor |
| **Hotel** | Gwesty |
| **Laboratorio** | Labordy |
| **Museo** | Amgueddfa |
| **Ospedale** | Ysbyty |
| **Osservatorio** | Arsyllfa |
| **Ostello** | Hostel |
| **Scuola** | Ysgol |
| **Stadio** | Stadiwm |
| **Supermercato** | Archfarchnad |
| **Teatro** | Theatr |
| **Tenda** | Pabell |
| **Torre** | Twr |
| **Università** | Prifysgol |

## Elettricità
### Trydan

| | |
|---|---|
| **Attrezzatura** | Offer |
| **Batteria** | Batri |
| **Cavo** | Cebl |
| **Conservazione** | Storio |
| **Elettricista** | Trydanwr |
| **Elettrico** | Trydan |
| **Fili** | Gwifrau |
| **Generatore** | Generadur |
| **Lampada** | Lamp |
| **Lampadina** | Bwlb |
| **Laser** | Laser |
| **Magnete** | Magnet |
| **Negativo** | Negyddol |
| **Oggetti** | Gwrthrychau |
| **Positivo** | Cadarnhaol |
| **Presa** | Soced |
| **Quantità** | Maint |
| **Rete** | Rhwydwaith |
| **Telefono** | Ffôn |
| **Televisione** | Teledu |

## Emozioni
### Emosiynau

| | |
|---|---|
| **Amore** | Caru |
| **Beatitudine** | Wynfyd |
| **Calma** | Dawel |
| **Contenuto** | Cynnwys |
| **Eccitato** | Gyffrous |
| **Gentilezza** | Caredigrwydd |
| **Gioia** | Llawenydd |
| **Grato** | Diolchgar |
| **Noia** | Diflastod |
| **Pace** | Heddwch |
| **Paura** | Ofn |
| **Rabbia** | Dicter |
| **Rilassato** | Hamddenol |
| **Rilievo** | Rhyddhad |
| **Simpatia** | Cydymdeimlad |
| **Soddisfatto** | Fodlon |
| **Sorpresa** | Syndod |
| **Tenerezza** | Tynerwch |
| **Tranquillità** | Llonyddwch |
| **Tristezza** | Tristwch |

## Energia
### Ynni

| | |
|---|---|
| **Ambiente** | Amgylchedd |
| **Batteria** | Batri |
| **Benzina** | Gasoline |
| **Calore** | Gwres |
| **Carbonio** | Carbon |
| **Carburante** | Tanwydd |
| **Diesel** | Diesel |
| **Elettrico** | Trydan |
| **Elettrone** | Electron |
| **Entropia** | Entropi |
| **Fotone** | Ffoton |
| **Idrogeno** | Hydrogen |
| **Industria** | Diwydiant |
| **Inquinamento** | Llygredd |
| **Motore** | Modur |
| **Nucleare** | Niwclear |
| **Rinnovabile** | Adnewyddadwy |
| **Turbina** | Tyrbin |
| **Vapore** | Ager |
| **Vento** | Gwynt |

## Erboristeria
### Llysieuol

| | |
|---|---|
| **Aglio** | Garlleg |
| **Aneto** | Dil |
| **Aromatico** | Aromatig |
| **Basilico** | Basil |
| **Culinario** | Coginio |
| **Dragoncello** | Taragon |
| **Finocchio** | Ffenigl |
| **Fiore** | Blodyn |
| **Giardino** | Gardd |
| **Ingrediente** | Cynhwysion |
| **Lavanda** | Lafant |
| **Maggiorana** | Marjoram |
| **Menta** | Bathdy |
| **Origano** | Oregano |
| **Prezzemolo** | Persli |
| **Qualità** | Ansawdd |
| **Rosmarino** | Rhosmar |
| **Timo** | Teim |
| **Verde** | Gwyrdd |
| **Zafferano** | Saffrwm |

## Escursionismo
### Heicio

| | |
|---|---|
| **Acqua** | Dŵr |
| **Animali** | Anifeiliaid |
| **Campeggio** | Gwersylla |
| **Clima** | Hinsawdd |
| **Guide** | Canllawiau |
| **Mappa** | Map |
| **Meteo** | Tywydd |
| **Montagna** | Mynydd |
| **Natura** | Natur |
| **Orientamento** | Cyfeiriad |
| **Parchi** | Parciau |
| **Pericoli** | Peryglon |
| **Pesante** | Trwm |
| **Pietre** | Cerrig |
| **Preparazione** | Paratoi |
| **Scogliera** | Clogwyn |
| **Selvaggio** | Gwyllt |
| **Sole** | Haul |
| **Stanco** | Flinedig |
| **Stivali** | Esgidiau |

## Famiglia
### Teulu

| | |
|---|---|
| **Antenato** | Hynafiad |
| **Bambini** | Plant |
| **Bambino** | Plentyn |
| **Cugino** | Cefnder |
| **Figlia** | Merch |
| **Fratello** | Brawd |
| **Gemelli** | Efeilliaid |
| **Infanzia** | Plentyndod |
| **Madre** | Fam |
| **Marito** | Gŵr |
| **Materno** | Mamau |
| **Moglie** | Gwraig |
| **Nipote** | Nai |
| **Nonna** | Nain |
| **Nonno** | Taid |
| **Padre** | Tad |
| **Paterno** | Tadol |
| **Sorella** | Chwaer |
| **Zia** | Modryb |
| **Zio** | Ewythr |

## Fantascienza
### Ffuglen Gwyddoniaeth

| | |
|---|---|
| **Atomico** | Atomig |
| **Cinema** | Sinema |
| **Distopia** | Dystopia |
| **Esplosione** | Ffrwydrad |
| **Estremo** | Eithafol |
| **Fantastico** | Gwych |
| **Fuoco** | Tân |
| **Futuristico** | Dyfodolaidd |
| **Galassia** | Galaeth |
| **Illusione** | Rhith |
| **Immaginario** | Dychmygol |
| **Libri** | Llyfrau |
| **Misterioso** | Dirgel |
| **Mondo** | Byd |
| **Oracolo** | Oracle |
| **Pianeta** | Blaned |
| **Realistico** | Realistig |
| **Robot** | Robotiaid |
| **Tecnologia** | Technoleg |
| **Utopia** | Utopia |

## Fattoria #1
### Fferm # 1

| | |
|---|---|
| **Acqua** | Dŵr |
| **Ape** | Gwenyn |
| **Asino** | Asyn |
| **Campo** | Maes |
| **Cane** | Ci |
| **Capra** | Gafr |
| **Cavallo** | Ceffyl |
| **Fertilizzante** | Gwrtaith |
| **Fieno** | Gwair |
| **Gatto** | Cath |
| **Gregge** | Ddiadell |
| **Maiale** | Mochyn |
| **Miele** | Mêl |
| **Mucca** | Buwch |
| **Pollo** | Cyw Iâr |
| **Recinto** | Ffens |
| **Riso** | Reis |
| **Semi** | Hadau |
| **Terra** | Tir |
| **Vitello** | Llo |

## Fattoria #2
### Fferm # 2

| | |
|---|---|
| **Agnello** | Cig Oen |
| **Agricoltore** | Ffermwr |
| **Anatra** | Hwyaden |
| **Animali** | Anifeiliaid |
| **Cibo** | Bwyd |
| **Fienile** | Ysgubor |
| **Frutta** | Ffrwyth |
| **Frutteto** | Berllan |
| **Grano** | Gwenith |
| **Irrigazione** | Dyfrhau |
| **Lama** | Lama |
| **Latte** | Llaeth |
| **Mais** | Corn |
| **Maturo** | Aeddfed |
| **Oche** | Gwyddau |
| **Orzo** | Haidd |
| **Pastore** | Bugail |
| **Pecora** | Defaid |
| **Prato** | Dôl |
| **Trattore** | Tractor |

## Filantropia
### Dyngarwch

| | |
|---|---|
| **Bambini** | Plant |
| **Bisogno** | Angen |
| **Carità** | Elusen |
| **Comunità** | Cymuned |
| **Contatti** | Cysylltiadau |
| **Finanza** | Cyllid |
| **Fondi** | Cronfeydd |
| **Generosità** | Haelioni |
| **Gioventù** | Ieuenctid |
| **Globale** | Byd-Eang |
| **Gruppi** | Grwpiau |
| **Missione** | Cenhadaeth |
| **Obiettivi** | Nodau |
| **Onestà** | Gonestrwydd |
| **Persone** | Pobl |
| **Programmi** | Rhaglenni |
| **Pubblico** | Cyhoeddus |
| **Sfide** | Heriau |
| **Storia** | Hanes |
| **Umanità** | Dynoliaeth |

## Fisica
### Ffiseg

| | |
|---|---|
| **Accelerazione** | Cyflymiad |
| **Atomo** | Atom |
| **Caos** | Anhrefn |
| **Chimico** | Cemegol |
| **Densità** | Dwysedd |
| **Elettrone** | Electron |
| **Espansione** | Ehangu |
| **Formula** | Fformiwla |
| **Frequenza** | Amlder |
| **Gas** | Nwy |
| **Gravità** | Disgyrchiant |
| **Magnetismo** | Magneteg |
| **Meccanica** | Mecaneg |
| **Molecola** | Moleciwl |
| **Motore** | Peiriant |
| **Nucleare** | Niwclear |
| **Particella** | Gronynnau |
| **Relatività** | Ymlacio |
| **Universale** | Cyffredinol |
| **Velocità** | Cyflymder |

## Foresta Pluviale
### Fforestydd Glaw

| | |
|---|---|
| **Anfibi** | Amffibiaid |
| **Botanico** | Botanegol |
| **Clima** | Hinsawdd |
| **Comunità** | Cymuned |
| **Diversità** | Amrywiaeth |
| **Giungla** | Jyngl |
| **Indigeno** | Cynhenid |
| **Insetti** | Pryfed |
| **Mammiferi** | Mamaliaid |
| **Muschio** | Mwsogl |
| **Natura** | Natur |
| **Nuvole** | Cymylau |
| **Preservazione** | Cadwraeth |
| **Prezioso** | Gwerthfawr |
| **Restauro** | Adfer |
| **Rifugio** | Lloches |
| **Rispetto** | Parch |
| **Sopravvivenza** | Goroesi |
| **Specie** | Rhywogaethau |
| **Uccelli** | Adar |

## Forza e Gravità
### Heddlu a Disgyrchiant

| | |
|---|---|
| **Asse** | Echel |
| **Attrito** | Ffrithiant |
| **Centro** | Canol |
| **Dinamico** | Dynamig |
| **Distanza** | Pellter |
| **Espansione** | Ehangu |
| **Fisica** | Ffiseg |
| **Impatto** | Effaith |
| **Magnetismo** | Magneteg |
| **Meccanica** | Mecaneg |
| **Movimento** | Cynnig |
| **Orbita** | Orbit |
| **Pianeti** | Planedau |
| **Pressione** | Pwysau |
| **Proprietà** | Eiddo |
| **Scoperta** | Darganfyddiad |
| **Slancio** | Momentwm |
| **Tempo** | Amser |
| **Universale** | Cyffredinol |
| **Velocità** | Cyflymder |

## Frutta
### Ffrwythau

| | |
|---|---|
| **Albicocca** | Bricyll |
| **Arancia** | Oren |
| **Avocado** | Afocado |
| **Bacca** | Aeron |
| **Banana** | Banana |
| **Ciliegia** | Ceirios |
| **Fico** | Ffig |
| **Kiwi** | Ciwi |
| **Lampone** | Mafon |
| **Limone** | Lemon |
| **Mango** | Mango |
| **Mela** | Afal |
| **Melone** | Melon |
| **Mora** | Blackberry |
| **Nettarina** | Nectarine |
| **Papaia** | Papaia |
| **Pera** | Gellyg |
| **Pesca** | Peach |
| **Prugna** | Eirin |
| **Uva** | Grawnwin |

## Geografia
### Daearyddiaeth

| | |
|---|---|
| **Altitudine** | Uchder |
| **Atlante** | Atlas |
| **Città** | Dinas |
| **Continente** | Cyfandir |
| **Emisfero** | Hemisffer |
| **Fiume** | Afon |
| **Isola** | Ynys |
| **Latitudine** | Lledred |
| **Longitudine** | Hydred |
| **Mappa** | Map |
| **Mare** | Môr |
| **Meridiano** | Meridian |
| **Mondo** | Byd |
| **Montagna** | Mynydd |
| **Nord** | Gogledd |
| **Ovest** | Gorllewin |
| **Paese** | Gwlad |
| **Regione** | Rhanbarth |
| **Sud** | De |
| **Territorio** | Tiriogaeth |

## Geologia
### Daeareg

| | |
|---|---|
| **Acido** | Asid |
| **Altopiano** | Gwastad |
| **Calcio** | Calsiwm |
| **Caverna** | Ogof |
| **Continente** | Cyfandir |
| **Corallo** | Cwrel |
| **Cristalli** | Crisialau |
| **Fossile** | Ffosil |
| **Geyser** | Geyser |
| **Lava** | Lafa |
| **Minerali** | Mwynau |
| **Pietra** | Carreg |
| **Quarzo** | Cwarts |
| **Sale** | Halen |
| **Stalagmiti** | Stalagmidau |
| **Stalattite** | Stalactite |
| **Strato** | Haen |
| **Terremoto** | Daeargryn |
| **Vulcano** | Llosgfynydd |
| **Zona** | Parth |

## Geometria
### Geometreg

| | |
|---|---|
| **Altezza** | Uchder |
| **Angolo** | Ongl |
| **Calcolo** | Cyfrifiad |
| **Cerchio** | Cylch |
| **Curva** | Gromlin |
| **Diametro** | Diamedr |
| **Dimensione** | Dimensiwn |
| **Equazione** | Hafaliad |
| **Logica** | Rhesymeg |
| **Mediano** | Canolrif |
| **Numero** | Rhif |
| **Orizzontale** | Llorweddol |
| **Parallelo** | Cyfochrog |
| **Proporzione** | Cyfran |
| **Segmento** | Segment |
| **Simmetria** | Cymesuredd |
| **Superficie** | Wyneb |
| **Teoria** | Theori |
| **Triangolo** | Triongl |
| **Verticale** | Fertigol |

## Giardinaggio
### Garddio

| | |
|---|---|
| **Acqua** | Dŵr |
| **Botanico** | Botanegol |
| **Clima** | Hinsawdd |
| **Commestibile** | Bwytadwy |
| **Compost** | Compost |
| **Contenitore** | Cynhwysydd |
| **Esotico** | Egsotig |
| **Fiorire** | Blodyn |
| **Floreale** | Blodau |
| **Fogliame** | Dail |
| **Frutteto** | Berllan |
| **Mazzo** | Tusw |
| **Semi** | Hadau |
| **Specie** | Rhywogaethau |
| **Sporco** | Baw |
| **Stagionale** | Tymhorol |
| **Suolo** | Pridd |
| **Tubo** | Pibell |
| **Umidità** | Lleithder |

## Giardino
### Gardd

| | |
|---|---|
| **Albero** | Coed |
| **Amaca** | Hammock |
| **Cespuglio** | Llwyn |
| **Erba** | Glaswellt |
| **Erbacce** | Chwyn |
| **Fiore** | Blodyn |
| **Garage** | Garej |
| **Giardino** | Gardd |
| **Pala** | Rhaw |
| **Panca** | Mainc |
| **Portico** | Cyntedd |
| **Prato** | Lawnt |
| **Rastrello** | Rhaca |
| **Recinto** | Ffens |
| **Stagno** | Pwll |
| **Suolo** | Pridd |
| **Terrazza** | Teras |
| **Trampolino** | Trampolîn |
| **Tubo** | Pibell |
| **Vite** | Winwydd |

## Giorni e Mesi
### Diwrnodau a Misoedd

| | |
|---|---|
| **Agosto** | Awst |
| **Anno** | Blwyddyn |
| **Aprile** | Ebrill |
| **Calendario** | Calendr |
| **Dicembre** | Rhagfyr |
| **Domenica** | Dydd Sul |
| **Febbraio** | Chwefror |
| **Gennaio** | Ionawr |
| **Giugno** | Mehefin |
| **Luglio** | Gorffennaf |
| **Lunedì** | Dydd Llun |
| **Martedì** | Dydd Mawrth |
| **Mercoledì** | Dydd Mercher |
| **Mese** | Mis |
| **Novembre** | Tachwedd |
| **Ottobre** | Hydref |
| **Sabato** | Dydd Sadwrn |
| **Settembre** | Medi |
| **Settimana** | Wythnos |
| **Venerdì** | Dydd Gwener |

## Governo
### Llywodraeth

| | |
|---|---|
| **Capo** | Arweinydd |
| **Cittadinanza** | Dinasyddiaeth |
| **Civile** | Sifil |
| **Costituzione** | Cyfansoddiad |
| **Democrazia** | Democratiaeth |
| **Discorso** | Araith |
| **Discussione** | Trafodaeth |
| **Giudiziario** | Barnwrol |
| **Giustizia** | Cyfiawnder |
| **Indipendenza** | Annibyniaeth |
| **Legale** | Cyfreithiol |
| **Legge** | Cyfraith |
| **Libertà** | Rhyddid |
| **Monumento** | Heneb |
| **Nazionale** | Cenedlaethol |
| **Nazione** | Cenedl |
| **Quartiere** | Ardal |
| **Simbolo** | Symbol |
| **Stato** | Wladwriaeth |
| **Uguaglianza** | Cydraddoldeb |

## Guida
### Gyrru

| | |
|---|---|
| **Auto** | Car |
| **Autobus** | Bws |
| **Carburante** | Tanwydd |
| **Freni** | Breciau |
| **Garage** | Garej |
| **Gas** | Nwy |
| **Incidente** | Damwain |
| **Licenza** | Trwydded |
| **Mappa** | Map |
| **Moto** | Beic Modur |
| **Motore** | Modur |
| **Pedonale** | Cerddwyr |
| **Pericolo** | Perygl |
| **Polizia** | Heddlu |
| **Sicurezza** | Diogelwch |
| **Strada** | Ffordd |
| **Traffico** | Traffig |
| **Trasporto** | Cludiant |
| **Tunnel** | Twnnel |
| **Velocità** | Cyflymder |

## I Media
### Y Cyfryngau

| | |
|---|---|
| **Atteggiamenti** | Agweddau |
| **Commerciale** | Masnachol |
| **Comunicazione** | Cyfathrebu |
| **Digitale** | Digidol |
| **Edizione** | Argraffiad |
| **Educazione** | Addysg |
| **Fatti** | Ffeithiau |
| **Finanziamento** | Cyllid |
| **Foto** | Lluniau |
| **Individuale** | Unigol |
| **Industria** | Diwydiant |
| **Intellettuale** | Deallusol |
| **Locale** | Lleol |
| **Online** | Ar-Lein |
| **Opinione** | Barn |
| **Pubblicità** | Hysbysebion |
| **Pubblico** | Cyhoeddus |
| **Radio** | Radio |
| **Rete** | Rhwydwaith |
| **Televisione** | Teledu |

## Imbarcazioni
### Cychod

| | |
|---|---|
| **Albero** | Mwyaf |
| **Ancora** | Angor |
| **Barca a Vela** | Cwch Hwylio |
| **Boa** | Prynu |
| **Canoa** | Canŵ |
| **Corda** | Rhaff |
| **Equipaggio** | Criw |
| **Fiume** | Afon |
| **Kayak** | Caiac |
| **Lago** | Llyn |
| **Mare** | Môr |
| **Marea** | Llanw |
| **Marinaio** | Morwr |
| **Motore** | Peiriant |
| **Nautico** | Morwrol |
| **Oceano** | Cefnfor |
| **Onde** | Tonnau |
| **Traghetto** | Fferi |
| **Yacht** | Hwylio |
| **Zattera** | Llu |

## Immigrazione
### Mewnfudo

| | |
|---|---|
| **Adulti** | Oedolion |
| **Aiuto** | Cymorth |
| **Alloggio** | Tai |
| **Amministrazione** | Gweinyddu |
| **Approvazione** | Cymeradwyaeth |
| **Bambini** | Plant |
| **Comunicazione** | Cyfathrebu |
| **Documenti** | Dogfennau |
| **Finanziamento** | Cyllid |
| **Frontiere** | Ffiniau |
| **Legge** | Cyfraith |
| **Lingua** | Iaith |
| **Protezione** | Diogelu |
| **Scadenza** | Dyddiad Cau |
| **Situazione** | Sefyllfa |
| **Soluzione** | Ateb |
| **Stress** | Straen |
| **Trattativa** | Trafod |
| **Ufficiale** | Swyddog |

## Ingegneria
### Peirianneg

| | |
|---|---|
| **Angolo** | Ongl |
| **Asse** | Echel |
| **Calcolo** | Cyfrifiad |
| **Costruzione** | Adeiladu |
| **Diagramma** | Diagram |
| **Diametro** | Diamedr |
| **Diesel** | Diesel |
| **Dimensioni** | Dimensiynau |
| **Distribuzione** | Dosbarthu |
| **Energia** | Ynni |
| **Forza** | Cryfder |
| **Liquido** | Hylif |
| **Macchina** | Peiriant |
| **Misurazione** | Mesur |
| **Motore** | Modur |
| **Movimento** | Cynnig |
| **Profondità** | Dyfnder |
| **Rotazione** | Cylchdro |
| **Stabilità** | Sefydlogrwydd |
| **Struttura** | Strwythur |

## Jazz
### Jazz

| | |
|---|---|
| **Album** | Albwm |
| **Applauso** | Cymeradwyaeth |
| **Artista** | Artist |
| **Canzone** | Cân |
| **Compositore** | Cyfansoddwr |
| **Composizione** | Cyfansoddiad |
| **Concerto** | Cyngerdd |
| **Enfasi** | Pwyslais |
| **Famoso** | Enwog |
| **Genere** | Genre |
| **Improvvisazione** | Byrfyfyr |
| **Musica** | Cerddoriaeth |
| **Nuovo** | Newydd |
| **Orchestra** | Cerddorfa |
| **Preferiti** | Ffefrynnau |
| **Ritmo** | Rhythm |
| **Stile** | Arddull |
| **Talento** | Talent |
| **Tecnica** | Techneg |
| **Vecchio** | Hen |

## L'Azienda
### Y Cwmni

| | |
|---|---|
| **Creativo** | Creadigol |
| **Decisione** | Penderfyniad |
| **Globale** | Byd-Eang |
| **Industria** | Diwydiant |
| **Innovativo** | Arloesol |
| **Investimento** | Buddsoddiad |
| **Occupazione** | Cyflogaeth |
| **Possibilità** | Posibilrwydd |
| **Presentazione** | Cyflwyniad |
| **Prodotto** | Cynnyrch |
| **Professionale** | Proffesiynol |
| **Progresso** | Cynnydd |
| **Qualità** | Ansawdd |
| **Reddito** | Refeniw |
| **Reputazione** | Enw Da |
| **Rischi** | Risgiau |
| **Risorse** | Adnoddau |
| **Salari** | Cyflogau |
| **Tendenze** | Tueddiadau |
| **Unità** | Unedau |

## Letteratura
### Llenyddiaeth

| | |
|---|---|
| **Analisi** | Dadansoddiad |
| **Analogia** | Cyfatebiaeth |
| **Aneddoto** | Chwedl |
| **Autore** | Awdur |
| **Biografia** | Bywgraffiad |
| **Conclusione** | Casgliad |
| **Confronto** | Cymhariaeth |
| **Descrizione** | Disgrifiad |
| **Dialogo** | Deialog |
| **Genere** | Genre |
| **Metafora** | Trosiad |
| **Opinione** | Barn |
| **Poesia** | Cerdd |
| **Poetico** | Barddonol |
| **Rima** | Odl |
| **Ritmo** | Rhythm |
| **Romanzo** | Nofel |
| **Stile** | Arddull |
| **Tema** | Thema |
| **Tragedia** | Drychineb |

## Libri
### Llyfrau

| | |
|---|---|
| **Autore** | Awdur |
| **Avventura** | Antur |
| **Collezione** | Casgliad |
| **Contesto** | Cyd-Destun |
| **Dualità** | Deuoliaeth |
| **Epico** | Epig |
| **Inventivo** | Buddsoddi |
| **Letterario** | Llenyddol |
| **Lettore** | Darllenydd |
| **Narratore** | Adroddwr |
| **Pagina** | Tudalen |
| **Poesia** | Barddoniaeth |
| **Rilevante** | Perthnasol |
| **Romanzo** | Nofel |
| **Scritto** | Ysgrifenedig |
| **Serie** | Cyfres |
| **Storia** | Stori |
| **Storico** | Hanesyddol |
| **Tragico** | Trasig |
| **Umoristico** | Doniol |

## Malattia
### Clefyd

| | |
|---|---|
| **Acuto** | Aciwt |
| **Allergie** | Alergeddau |
| **Benessere** | Lles |
| **Contagioso** | Heintus |
| **Corpo** | Corff |
| **Cronico** | Cronig |
| **Cuore** | Galon |
| **Debole** | Gwan |
| **Ereditario** | Etifeddol |
| **Genetico** | Genetig |
| **Immunità** | Imiwnedd |
| **Infiammazione** | Llid |
| **Lombare** | Meingefnol |
| **Neuropatia** | Niwropatheg |
| **Ossa** | Esgyrn |
| **Patogeni** | Pathogenau |
| **Respiratorio** | Atebol |
| **Salute** | Iechyd |
| **Sindrome** | Syndrom |
| **Terapia** | Therapi |

## Mammiferi
### Mamaliaid

| | |
|---|---|
| **Balena** | Morfil |
| **Cane** | Ci |
| **Canguro** | Kangaroo |
| **Cavallo** | Ceffyl |
| **Cervo** | Ceirw |
| **Coniglio** | Cwningen |
| **Coyote** | Coyote |
| **Delfino** | Dolffin |
| **Elefante** | Eliffant |
| **Gatto** | Cath |
| **Giraffa** | Jiraff |
| **Gorilla** | Gorila |
| **Leone** | Llew |
| **Lupo** | Blaidd |
| **Orso** | Arth |
| **Pecora** | Defaid |
| **Scimmia** | Mwnci |
| **Toro** | Tarw |
| **Volpe** | Llwynog |
| **Zebra** | Sebra |

## Matematica
### Mathemateg

| | |
|---|---|
| **Angoli** | Onglau |
| **Aritmetica** | Rhifyddeg |
| **Circonferenza** | Cylchedd |
| **Decimale** | Degol |
| **Diametro** | Diamedr |
| **Equazione** | Hafaliad |
| **Frazione** | Ffracsiwn |
| **Geometria** | Geometreg |
| **Parallelo** | Cyfochrog |
| **Parallelogramma** | Paralelogram |
| **Perimetro** | Amfesur |
| **Perpendicolare** | Berpendicwlar |
| **Poligono** | Polygon |
| **Quadrato** | Sgwâr |
| **Raggio** | Radiws |
| **Rettangolo** | Petryal |
| **Simmetria** | Cymesuredd |
| **Somma** | Swm |
| **Triangolo** | Triongl |
| **Volume** | Cyfrol |

## Meditazione
### Myfyrdod

| | |
|---|---|
| **Accettazione** | Derbyn |
| **Attenzione** | Sylw |
| **Calma** | Dawel |
| **Chiarezza** | Eglurder |
| **Compassione** | Tosturi |
| **Emozioni** | Emosiynau |
| **Felicità** | Hapusrwydd |
| **Gentilezza** | Caredigrwydd |
| **Gratitudine** | Diolchgarwch |
| **Mentale** | Meddyliol |
| **Mente** | Meddwl |
| **Movimento** | Symudiad |
| **Musica** | Cerddoriaeth |
| **Natura** | Natur |
| **Pace** | Heddwch |
| **Pensieri** | Meddyliau |
| **Postura** | Osgo |
| **Prospettiva** | Safbwynt |
| **Respirazione** | Anadlu |
| **Silenzio** | Distawrwydd |

## Meteo
### Tywydd

| | |
|---|---|
| **Arcobaleno** | Enfys |
| **Asciutto** | Sych |
| **Atmosfera** | Awyrgylch |
| **Brezza** | Awel |
| **Cielo** | Awyr |
| **Clima** | Hinsawdd |
| **Fulmine** | Mellt |
| **Ghiaccio** | Iâ |
| **Monsone** | Monsŵn |
| **Nebbia** | Niwl |
| **Nube** | Cwmwl |
| **Polare** | Polar |
| **Siccità** | Sychder |
| **Temperatura** | Tymheredd |
| **Tempesta** | Storm |
| **Tornado** | Tornado |
| **Tropicale** | Trofannol |
| **Tuono** | Taranau |
| **Uragano** | Corwynt |
| **Vento** | Gwynt |

## Misurazioni
### Mesuriadau

| | |
|---|---|
| **Altezza** | Uchder |
| **Byte** | Beit |
| **Centimetro** | Canolfan |
| **Chilogrammo** | Cilogram |
| **Decimale** | Degol |
| **Grado** | Gradd |
| **Grammo** | Gram |
| **Larghezza** | Lled |
| **Litro** | Litr |
| **Lunghezza** | Hyd |
| **Massa** | Màs |
| **Metro** | Mesurydd |
| **Minuto** | Munud |
| **Oncia** | Owns |
| **Peso** | Pwysau |
| **Pinta** | Peint |
| **Pollice** | Modfedd |
| **Profondità** | Dyfnder |
| **Tonnellata** | Tunnell |
| **Volume** | Cyfrol |

## Mitologia
### Mytholeg

| | |
|---|---|
| **Comportamento** | Ymddygiad |
| **Creatura** | Creadur |
| **Creazione** | Creu |
| **Credenze** | Credoau |
| **Cultura** | Diwylliant |
| **Disastro** | Trychineb |
| **Divinità** | Duwiau |
| **Eroe** | Arwr |
| **Forza** | Cryfder |
| **Fulmine** | Mellt |
| **Gelosia** | Cenfigen |
| **Guerriero** | Rhyfelwr |
| **Immortalità** | Anfarwoldeb |
| **Labirinto** | Labyrinth |
| **Leggenda** | Chwedl |
| **Magico** | Hudol |
| **Mortale** | Marwol |
| **Mostro** | Anghenfil |
| **Tuono** | Meddwl |
| **Vendetta** | Dial |

## Moda
### Ffasiwn

| | |
|---|---|
| **Abbigliamento** | Dillad |
| **Boutique** | Boutique |
| **Caro** | Drud |
| **Confortevole** | Cyfforddus |
| **Elegante** | Cain |
| **Minimalista** | Lleiaf |
| **Misure** | Mesuriadau |
| **Modello** | Patrwm |
| **Moderno** | Modern |
| **Modesto** | Cymedrol |
| **Originale** | Gwreiddiol |
| **Pizzo** | Lace |
| **Pratico** | Ymarferol |
| **Pulsanti** | Botymau |
| **Ricamo** | Brodwaith |
| **Semplice** | Syml |
| **Stile** | Arddull |
| **Tendenza** | Tuedd |
| **Trama** | Gwead |

## Musica
### Cerddoriaeth

| | |
|---|---|
| **Album** | Albwm |
| **Armonia** | Harmoni |
| **Armonico** | Harmonig |
| **Ballata** | Baled |
| **Cantante** | Canwr |
| **Cantare** | Canu |
| **Classico** | Clasurol |
| **Coro** | Corws |
| **Lirico** | Telynegol |
| **Melodia** | Alaw |
| **Microfono** | Meicroffon |
| **Musicale** | Cerddorol |
| **Musicista** | Cerddor |
| **Opera** | Opera |
| **Poetico** | Barddonol |
| **Registrazione** | Cofnodi |
| **Ritmico** | Rhythmig |
| **Ritmo** | Rhythm |
| **Strumento** | Offeryn |
| **Vocale** | Lleisiol |

## Nutrizione
### Maeth

| | |
|---|---|
| **Amaro** | Chwerw |
| **Appetito** | Archwaeth |
| **Bilanciato** | Cytbwys |
| **Calorie** | Galorïau |
| **Carboidrati** | Carbohydradau |
| **Commestibile** | Bwytadwy |
| **Dieta** | Deiet |
| **Digestione** | Treuliad |
| **Fermentazione** | Eplesu |
| **Liquidi** | Hylifau |
| **Nutriente** | Maeth |
| **Peso** | Pwysau |
| **Proteine** | Proteinau |
| **Qualità** | Ansawdd |
| **Salsa** | Saws |
| **Salute** | Iechyd |
| **Sano** | Iach |
| **Spezie** | Sbeisys |
| **Tossina** | Gwenwyn |
| **Vitamina** | Fitamin |

## Oceano
### Cefnfor

| | |
|---|---|
| **Alghe** | Algâu |
| **Anguilla** | Llysywod |
| **Balena** | Morfil |
| **Barca** | Cwch |
| **Corallo** | Cwrel |
| **Delfino** | Dolffin |
| **Gamberetto** | Berdys |
| **Granchio** | Cranc |
| **Maree** | Llanw |
| **Medusa** | Sglefrod Môr |
| **Onde** | Tonnau |
| **Ostrica** | Wystrys |
| **Pesce** | Pysgod |
| **Polpo** | Octopws |
| **Sale** | Halen |
| **Spugna** | Noddi |
| **Squalo** | Siarc |
| **Tartaruga** | Crwban |
| **Tempesta** | Storm |
| **Tonno** | Tiwna |

## Paesaggi
### Tirweddau

| | |
|---|---|
| **Cascata** | Rhaeadr |
| **Collina** | Bryn |
| **Deserto** | Anialwch |
| **Fiume** | Afon |
| **Geyser** | Geyser |
| **Ghiacciaio** | Rhewlif |
| **Grotta** | Ogof |
| **Iceberg** | Mynydd Iâ |
| **Isola** | Ynys |
| **Lago** | Llyn |
| **Mare** | Môr |
| **Montagna** | Mynydd |
| **Oasi** | Werddon |
| **Oceano** | Cefnfor |
| **Palude** | Gors |
| **Penisola** | Penrhyn |
| **Spiaggia** | Traeth |
| **Tundra** | Tundra |
| **Valle** | Dyffryn |
| **Vulcano** | Llosgfynydd |

## Paesi #1
### Gwledydd # 1

| | |
|---|---|
| **Brasile** | Brasil |
| **Cambogia** | Cambodia |
| **Canada** | Canada |
| **Egitto** | Yr Aifft |
| **Finlandia** | Ffindir |
| **Germania** | Yr Almaen |
| **India** | India |
| **Iraq** | Irac |
| **Israele** | Israel |
| **Libia** | Libya |
| **Mali** | Mali |
| **Marocco** | Moroco |
| **Norvegia** | Norwy |
| **Panama** | Panama |
| **Polonia** | Gwlad Pwyl |
| **Romania** | Romania |
| **Senegal** | Senegal |
| **Spagna** | Sbaen |
| **Venezuela** | Venezuela |
| **Vietnam** | Fietnam |

## Paesi #2
### Gwledydd # 2

| | |
|---|---|
| **Albania** | Albania |
| **Danimarca** | Denmarc |
| **Etiopia** | Ethiopia |
| **Giamaica** | Jamaica |
| **Giappone** | Japan |
| **Grecia** | Gwlad Groeg |
| **Haiti** | Haiti |
| **Indonesia** | Indonesia |
| **Irlanda** | Iwerddon |
| **Laos** | Laos |
| **Liberia** | Liberia |
| **Messico** | Mecsico |
| **Nepal** | Nepal |
| **Nigeria** | Nigeria |
| **Pakistan** | Pakistan |
| **Russia** | Rwsia |
| **Siria** | Syria |
| **Sudan** | Sudan |
| **Ucraina** | Wcráin |
| **Uganda** | Uganda |

## Pesca
### Pysgota

| | |
|---|---|
| **Acqua** | Dŵr |
| **Attrezzatura** | Offer |
| **Barca** | Cwch |
| **Branchie** | Tagellau |
| **Cesto** | Basged |
| **Cucinare** | Coginio |
| **Esagerazione** | Esboniad |
| **Esca** | Abwyd |
| **Filo** | Gwifren |
| **Fiume** | Afon |
| **Gancio** | Bachyn |
| **Lago** | Llyn |
| **Mascella** | Ên |
| **Oceano** | Cefnfor |
| **Pazienza** | Amynedd |
| **Peso** | Pwysau |
| **Pinne** | Esgyll |
| **Spiaggia** | Traeth |
| **Stagione** | Tymor |

## Piante
### Planhigion

| | |
|---|---|
| **Albero** | Coed |
| **Bacca** | Aeron |
| **Bambù** | Bambŵ |
| **Botanica** | Llysieueg |
| **Cactus** | Cactus |
| **Cespuglio** | Llwyn |
| **Crescere** | Tyfu |
| **Edera** | Eiddew |
| **Erba** | Glaswellt |
| **Fagiolo** | Ffa |
| **Fertilizzante** | Gwrtaith |
| **Fiore** | Blodyn |
| **Flora** | Flora |
| **Fogliame** | Dail |
| **Foresta** | Coedwig |
| **Giardino** | Gardd |
| **Muschio** | Mwsogl |
| **Petalo** | Petal |
| **Radice** | Gwraidd |
| **Vegetazione** | Llystyfiant |

## Professioni #1
### Proffesiynau # 1

| | |
|---|---|
| **Allenatore** | Hyfforddwr |
| **Ambasciatore** | Llysgennad |
| **Artista** | Artist |
| **Astronomo** | Seryddwr |
| **Avvocato** | Cyfreithiwr |
| **Ballerino** | Dawnsiwr |
| **Banchiere** | Banciwr |
| **Cacciatore** | Helwyr |
| **Cartografo** | Cartographer |
| **Editore** | Golygydd |
| **Farmacista** | Fferyllydd |
| **Geologo** | Daearegwr |
| **Gioielliere** | Gemydd |
| **Idraulico** | Plymwr |
| **Infermiera** | Nyrs |
| **Musicista** | Cerddor |
| **Pianista** | Pianydd |
| **Psicologo** | Seicolegydd |
| **Scienziato** | Gwyddonydd |
| **Veterinario** | Milfeddyg |

## Professioni #2
### Proffesiynau # 2

| | |
|---|---|
| **Agricoltore** | Ffermwr |
| **Astronauta** | Gofodwr |
| **Bibliotecario** | Llyfrgellydd |
| **Biologo** | Biolegydd |
| **Chirurgo** | Llawfeddyg |
| **Dentista** | Deintydd |
| **Detective** | Ditectif |
| **Filosofo** | Athronydd |
| **Fotografo** | Ffotograffydd |
| **Giardiniere** | Garddwr |
| **Giornalista** | Newyddiadurwr |
| **Illustratore** | Darlunydd |
| **Ingegnere** | Peiriannydd |
| **Insegnante** | Athro |
| **Inventore** | Dyfeisiwr |
| **Linguista** | Ieithydd |
| **Medico** | Meddyg |
| **Pilota** | Peilot |
| **Pittore** | Peintiwr |
| **Ricercatore** | Ymchwilydd |

## Psicologia
### Seicoleg

| | |
|---|---|
| **Clinico** | Clinigol |
| **Cognizione** | Gwybyddiaeth |
| **Comportamento** | Ymddygiad |
| **Conflitto** | Gwrthdaro |
| **Ego** | Ego |
| **Emozioni** | Emosiynau |
| **Esperienze** | Profiadau |
| **Idee** | Syniadau |
| **Inconscio** | Anymwybodol |
| **Infanzia** | Plentyndod |
| **Influenze** | Dylanwadau |
| **Pensieri** | Meddyliau |
| **Percezione** | Canfyddiad |
| **Personalità** | Personoliaeth |
| **Problema** | Broblem |
| **Realtà** | Realiti |
| **Sensazione** | Teimlad |
| **Sogni** | Breuddwydion |
| **Terapia** | Therapi |
| **Valutazione** | Asesiad |

## Riscaldamento Globale
### Cynhesu Byd-Eang

| | |
|---|---|
| **Ambientale** | Amgylcheddol |
| **Artico** | Arctig |
| **Attenzione** | Sylw |
| **Clima** | Hinsawdd |
| **Crisi** | Argyfwng |
| **Dati** | Data |
| **Energia** | Ynni |
| **Futuro** | Dyfodol |
| **Gas** | Nwy |
| **Generazioni** | Cenedlaethau |
| **Governo** | Llywodraeth |
| **Habitat** | Cynefinoedd |
| **Industria** | Diwydiant |
| **Internazionale** | Rhyngwladol |
| **Legislazione** | Deddfwriaeth |
| **Ora** | Nawr |
| **Popolazioni** | Poblogaethau |
| **Scienziato** | Gwyddonydd |
| **Sviluppo** | Datblygu |
| **Temperature** | Tymheredd |

## Salute e Benessere #1
### Iechyd a Lles # 1

| | |
|---|---|
| **Abitudine** | Arfer |
| **Altezza** | Uchder |
| **Attivo** | Gweithredol |
| **Batteri** | Bacteria |
| **Clinica** | Clinig |
| **Fame** | Newyn |
| **Farmacia** | Fferyllfa |
| **Frattura** | Twyll |
| **Medicina** | Meddygaeth |
| **Medico** | Meddyg |
| **Muscoli** | Cyhyrau |
| **Nervi** | Nerfau |
| **Ormoni** | Hormonau |
| **Ossa** | Esgyrn |
| **Pelle** | Croen |
| **Postura** | Osgo |
| **Riflesso** | Atgyrch |
| **Rilassamento** | Ymlacio |
| **Terapia** | Therapi |
| **Trattamento** | Triniaeth |

## Salute e Benessere #2
### Iechyd a Lles # 2

| | |
|---|---|
| **Allergia** | Alergedd |
| **Anatomia** | Anatomeg |
| **Appetito** | Archwaeth |
| **Caloria** | Calori |
| **Corpo** | Corff |
| **Dieta** | Deiet |
| **Digestione** | Treuliad |
| **Disidratazione** | Diffyg |
| **Energia** | Ynni |
| **Genetica** | Geneteg |
| **Igiene** | Hylendid |
| **Infezione** | Haint |
| **Malattia** | Clefyd |
| **Massaggio** | Tylino |
| **Nutrizione** | Maeth |
| **Ospedale** | Ysbyty |
| **Peso** | Pwysau |
| **Sangue** | Gwaed |
| **Sano** | Iach |
| **Vitamina** | Fitamin |

## Scacchi
### Gwyddbwyll

| | |
|---|---|
| **Avversario** | Gwrthwynebydd |
| **Bianco** | Gwyn |
| **Campione** | Pencampwr |
| **Concorso** | Gystadleuaeth |
| **Diagonale** | Lletraws |
| **Giocatore** | Chwaraewr |
| **Gioco** | Gêm |
| **Nero** | Du |
| **Passivo** | Goddefol |
| **Per Imparare** | I Ddysgu |
| **Punti** | Pwyntiau |
| **Re** | Brenin |
| **Regina** | Brenhines |
| **Regole** | Rheolau |
| **Sacrificio** | Aberth |
| **Sfide** | Heriau |
| **Strategia** | Strategaeth |
| **Tempo** | Amser |
| **Torneo** | Twrnamaint |

## Scienza
### Gwyddoniaeth

| | |
|---|---|
| **Atomo** | Atom |
| **Chimico** | Cemegol |
| **Clima** | Hinsawdd |
| **Dati** | Data |
| **Esperimento** | Arbrawf |
| **Evoluzione** | Esblygiad |
| **Fatto** | Ffaith |
| **Fisica** | Ffiseg |
| **Fossile** | Ffosil |
| **Gravità** | Disgyrchiant |
| **Ipotesi** | Ddamcaniaeth |
| **Laboratorio** | Labordy |
| **Metodo** | Dull |
| **Minerali** | Mwynau |
| **Molecole** | Moleciwlau |
| **Natura** | Natur |
| **Organismo** | Organeb |
| **Particelle** | Gronynnau |
| **Piante** | Planhigion |
| **Scienziato** | Gwyddonydd |

## Spezie
### Sbeisys

| | |
|---|---|
| **Aglio** | Garlleg |
| **Amaro** | Chwerw |
| **Anice** | Anise |
| **Cannella** | Sinamon |
| **Cardamomo** | Cardamom |
| **Cipolla** | Union |
| **Coriandolo** | Coriander |
| **Cumino** | Cwmin |
| **Curcuma** | Tyrmerig |
| **Curry** | Cyri |
| **Dolce** | Melys |
| **Finocchio** | Ffenigl |
| **Liquirizia** | Licorice |
| **Noce Moscata** | Nytmeg |
| **Paprika** | Paprika |
| **Pepe** | Pupur |
| **Sale** | Halen |
| **Vaniglia** | Fanila |
| **Zafferano** | Saffrwm |
| **Zenzero** | Sinsir |

## Sport
### Chwaraeon

| | |
|---|---|
| **Allenatore** | Hyfforddwr |
| **Atleta** | Mabolgampwr |
| **Capacità** | Gallu |
| **Ciclismo** | Beicio |
| **Corpo** | Corff |
| **Danza** | Dawnsio |
| **Dieta** | Deiet |
| **Forza** | Cryfder |
| **Jogging** | Loncian |
| **Massimizzare** | Wneud y Gorau |
| **Metabolico** | Metabolig |
| **Muscoli** | Cyhyrau |
| **Nuotare** | I Nofio |
| **Nutrizione** | Maeth |
| **Obiettivo** | Nod |
| **Ossa** | Esgyrn |
| **Programma** | Rhaglen |
| **Resistenza** | Dygnwch |
| **Salute** | Iechyd |
| **Sportivo** | Chwaraeon |

## Tempo
### Amser

| | |
|---|---|
| **Anno** | Blwyddyn |
| **Annuale** | Blynyddol |
| **Calendario** | Calendr |
| **Decennio** | Degawd |
| **Dopo** | Ar Ôl |
| **Futuro** | Dyfodol |
| **Giorno** | Dydd |
| **Ieri** | Ddoe |
| **Mattina** | Bore |
| **Mese** | Mis |
| **Mezzogiorno** | Hanner Dydd |
| **Minuto** | Munud |
| **Notte** | Nos |
| **Oggi** | Heddiw |
| **Ora** | Awr |
| **Orologio** | Cloc |
| **Presto** | Yn Fuan |
| **Prima** | Cyn |
| **Secolo** | Canrif |
| **Settimana** | Wythnos |

## Tipi di Capelli
### Mathau o Wallt

| | |
|---|---|
| **Argento** | Arian |
| **Asciutto** | Sych |
| **Bianco** | Gwyn |
| **Biondo** | Blond |
| **Breve** | Byr |
| **Calvo** | Moel |
| **Colorato** | Lliw |
| **Grigio** | Llwyd |
| **Intrecciato** | Plethedig |
| **Liscio** | Llyfn |
| **Lungo** | Hir |
| **Marrone** | Brown |
| **Morbido** | Meddal |
| **Nero** | Du |
| **Riccio** | Cyrliog |
| **Riccioli** | Curls |
| **Sano** | Iach |
| **Sottile** | Tenau |
| **Spessore** | Trwchus |
| **Trecce** | Blethi |

## Uccelli
### Adar

| | |
|---|---|
| **Airone** | Crëyr |
| **Anatra** | Hwyaden |
| **Aquila** | Eryr |
| **Cicogna** | Ciconia |
| **Cigno** | Alarch |
| **Colomba** | Colomen |
| **Cuculo** | Gog |
| **Fenicottero** | Fflamingo |
| **Gabbiano** | Gwylan |
| **Oca** | Gŵydd |
| **Pappagallo** | Parot |
| **Passero** | Aderyn |
| **Pavone** | Paun |
| **Pellicano** | Pelican |
| **Piccione** | Colomennod |
| **Pinguino** | Pengwin |
| **Pollo** | Cyw Iâr |
| **Struzzo** | Estrys |
| **Tucano** | Twcan |
| **Uovo** | Wy |

## Universo
### Bydysawd

| | |
|---|---|
| **Asteroide** | Asteroid |
| **Astronomia** | Seryddiaeth |
| **Astronomo** | Seryddwr |
| **Atmosfera** | Awyrgylch |
| **Buio** | Tywyllwch |
| **Celeste** | Nefol |
| **Cielo** | Awyr |
| **Cosmico** | Cosmig |
| **Emisfero** | Hemisffer |
| **Galassia** | Galaeth |
| **Latitudine** | Lledred |
| **Longitudine** | Hydred |
| **Luna** | Lleuad |
| **Orbita** | Orbit |
| **Orizzonte** | Gorwel |
| **Solare** | Solar |
| **Solstizio** | Ateb |
| **Telescopio** | Telesgop |
| **Visibile** | Gweladwy |
| **Zodiaco** | Sidydd |

## Vacanze #2
### Yn Ystod y Gwyliau #2

| | |
|---|---|
| **Aeroporto** | Maes Awyr |
| **Campeggio** | Gwersylla |
| **Destinazione** | Cyrchfan |
| **Foto** | Lluniau |
| **Hotel** | Gwesty |
| **Isola** | Ynys |
| **Mappa** | Map |
| **Mare** | Môr |
| **Passaporto** | Pasbort |
| **Ristorante** | Bwyty |
| **Spiaggia** | Traeth |
| **Straniero** | Estron |
| **Taxi** | Tacsi |
| **Tempo Libero** | Hamdden |
| **Tenda** | Pabell |
| **Trasporto** | Cludiant |
| **Treno** | Trên |
| **Vacanza** | Gwyliau |
| **Viaggio** | Taith |
| **Visto** | Fisa |

## Veicoli
### Cerbydau

| | |
|---|---|
| **Aereo** | Awyren |
| **Ambulanza** | Ambiwlans |
| **Auto** | Car |
| **Autobus** | Bws |
| **Barca** | Cwch |
| **Bicicletta** | Beic |
| **Camion** | Lori |
| **Caravan** | Carafan |
| **Elicottero** | Hofrennydd |
| **Metropolitana** | Isffordd |
| **Motore** | Modur |
| **Pneumatici** | Tirion |
| **Razzo** | Roced |
| **Scooter** | Sgwter |
| **Sottomarino** | Llong Danfor |
| **Taxi** | Tacsi |
| **Traghetto** | Fferi |
| **Trattore** | Tractor |
| **Treno** | Trên |
| **Zattera** | Llu |

## Verdure
### Llysiau

| | |
|---|---|
| **Aglio** | Garlleg |
| **Broccolo** | Brocoli |
| **Carciofo** | Artisiog |
| **Carota** | Moron |
| **Cetriolo** | Ciwcymbr |
| **Cipolla** | Union |
| **Fungo** | Madarch |
| **Insalata** | Salad |
| **Melanzana** | Eggplant |
| **Oliva** | Olewydd |
| **Patata** | Tatws |
| **Pisello** | Pys |
| **Pomodoro** | Tomato |
| **Prezzemolo** | Persli |
| **Rapa** | Maip |
| **Ravanello** | Radish |
| **Sedano** | Seleri |
| **Spinaci** | Sbigoglys |
| **Zenzero** | Sinsir |
| **Zucca** | Pwmpen |

## Vestiti
### Dillad

| | |
|---|---|
| **Abito** | Gwisg |
| **Braccialetto** | Breichled |
| **Camicetta** | Blows |
| **Camicia** | Crys |
| **Cappello** | Het |
| **Cappotto** | Côt |
| **Cintura** | Gwregys |
| **Collana** | Adnabod |
| **Giacca** | Siaced |
| **Gonna** | Sgert |
| **Grembiule** | Ffedog |
| **Guanti** | Menig |
| **Jeans** | Jîns |
| **Maglione** | Chwyswr |
| **Moda** | Ffasiwn |
| **Pantaloni** | Pants |
| **Pigiama** | Pyjamas |
| **Sandali** | Sandalau |
| **Scarpa** | Esgid |
| **Sciarpa** | Sgarff |

# Congratulazioni

**Ce l'hai fatta!**

Speriamo che questo libro vi sia piaciuto tanto quanto a noi è piaciuto concepirlo. Ci sforziamo di creare libri della più alta qualità possibile.
Questa edizione è progettata per fornire un apprendimento intelligente, di qualità e divertente!

Le è piaciuto questo libro?

-------

## Una Semplice Richiesta

Questi libri esistono grazie alle recensioni che pubblicate.

Puoi aiutarci lasciando una recensione
ora a questo link ?

BestBooksActivity.com/Recensioni50

# SFIDA FINALE!

## Sfida n°1

Sei pronto per il tuo gioco gratuito? Li usiamo sempre, ma non sono così facili da trovare - ecco i **Sinonimi!**
Scrivi 5 parole che hai trovato nei puzzle (n° 21, n° 36, n° 76) e prova a trovare 2 sinonimi per ogni parola.

### Scrivi 5 parole del *Puzzle 21*

| Parole | Sinonimo 1 | Sinonimo 2 |
|---|---|---|
|  |  |  |
|  |  |  |
|  |  |  |
|  |  |  |
|  |  |  |

### Scrivi 5 parole del *Puzzle 36*

| Parole | Sinonimo 1 | Sinonimo 2 |
|---|---|---|
|  |  |  |
|  |  |  |
|  |  |  |
|  |  |  |
|  |  |  |

### Scrivi 5 parole del *Puzzle 76*

| Parole | Sinonimo 1 | Sinonimo 2 |
|---|---|---|
|  |  |  |
|  |  |  |
|  |  |  |
|  |  |  |
|  |  |  |

# Sfida n°2

Ora che ti sei riscaldato, scrivi 5 parole che hai trovato nei puzzle n° 9, n° 17 e n° 25 e cerca di trovare 2 contrari per ogni parola. Quanti ne puoi trovare in 20 minuti?

*Scrivi 5 parole del* **Puzzle 9**

| Parole | Antonimo 1 | Antonimo 2 |
|--------|-----------|-----------|
|        |           |           |
|        |           |           |
|        |           |           |
|        |           |           |
|        |           |           |

*Scrivi 5 parole del* **Puzzle 17**

| Parole | Antonimo 1 | Antonimo 2 |
|--------|-----------|-----------|
|        |           |           |
|        |           |           |
|        |           |           |
|        |           |           |
|        |           |           |

*Scrivi 5 parole del* **Puzzle 25**

| Parole | Antonimo 1 | Antonimo 2 |
|--------|-----------|-----------|
|        |           |           |
|        |           |           |
|        |           |           |
|        |           |           |
|        |           |           |

# Sfida n°3

Grande! Questa sfida non è niente per te!

Pronto per la sfida finale? Scegli 10 parole che hai scoperto nei diversi puzzle e scrivile qui sotto.

| | |
|---|---|
| 1. | 6. |
| 2. | 7. |
| 3. | 8. |
| 4. | 9. |
| 5. | 10. |

Ora scrivi un testo pensando a una persona, un animale o un luogo che ti piace.

*Puoi usare l'ultima pagina di questo libro come bozza.*

## La tua composizione:

# TACCUINO:

# A PRESTO!

*Tutta la Squadra*